物流を学ぶ

基礎から実務まで

山本 裕・男澤智治【編著】
YUTAKA YAMAMOTO　　TOMOHARU OZAWA

中央経済社

は じ め に

この本は，大学の学部で「物流論」や「ロジスティクス論」または専門ゼミナールのなかで使用されることを目的に書かれたものです。

物流という言葉は小中学校や高等学校の社会科の教科書で聞いたことはあるかと思いますが，物流について一から勉強してきた人は少ないと思います。

しかし，物流は私たちの日常生活に密接に関連しています。たとえば，コンビニ，スーパーで買い物をする時，そこに並べられている商品を届けるのは誰でしょうか。また，Amazon や楽天などのネット通販を利用した際に注文した商品を誰が自宅まで届けるでしょうか。このような取引をした時に，モノを届ける物流がなければ私たちは何もすることができませんね。

さらに，2011年3月の東日本大震災，2014年4月の熊本地震など，発災直後に被災地に食料や緊急物資を届ける，これも物流の重要な役割です。

近年は，企業の国際化が一般化しており，トヨタ自動車をはじめ世界中に生産拠点，販売拠点を構える日本企業が多数あります。これらの企業において，国際間の部品や原材料，中間財，最終製品を届ける，または保管する物流が必要でしょう。

このように，物流やロジスティクスは，日常生活や企業の経営活動になくてはならない，ライフラインのようなものです。言い換えれば，物流は水や電気，ガスと同じような働きをしていますね。したがって，学生の皆さんが，将来就職する先はメーカー，卸売業，小売業であれ，物流を勉強しておくことは，とても重要となっています。

＜本書の構成＞

それでは，読み始める前に，本書の構成について解説します。

「第1章 物流を学ぶ」では，物流の基本機能やこれから物流を深く学ぶにあたって，その概要を知るためのガイドについて書かれています。「第2章 サプライチェーン・マネジメント」では，サプライチェーン・マネジメント（SCM；Supply Chain Management）の重要性およびその内容を学びます。さらに，

サプライチェーン戦略の位置づけやブロックチェーンの活用方策も学びます。

第3章から第8章にかけては，陸・海・空の各輸送モードやインフラ，結節点としての倉庫の機能について学びます。

「**第3章 トラック輸送と宅配便**」では，わが国における国内輸送の主力であるトラック輸送の概要，近年とくに伸びが著しい「宅配便」のシステムについて最新動向も踏まえて学びます。「**第4章 物流倉庫**」では，倉庫について概観した後，倉庫を核とした物流ネットワーク，倉庫内の運用について学びます。「**第5章 日本の鉄道貨物輸送**」では，トラック輸送を補完する鉄道輸送の概要，モーダルシフト政策と鉄道輸送の可能性について学びます。「**第6章 国際コンテナ輸送と船荷証券**」では，現実に世界でどのように国際コンテナを使用して貿易が行われているのか，その具体的な内容と船荷証券 B/L（Bill of Lading）について学びます。「**第7章 港湾物流**」では，港湾の重要性を踏まえながら港湾の役割と機能についての理解を深めるとともに，港湾の管理・運営体制の形態と特徴，国際港湾としての競争力強化に向けた港湾整備戦略について学びます。さらに，近年さまざまな分野で導入されている IoT や AI などの情報通信技術を活用した次世代型港湾整備も進んでいることから，その整備事例についても併せて学びます。「**第8章 航空輸送**」では，航空輸送の役割や特徴を多面的に理解し，より効果的な輸送手配や物流管理を図るための基礎的知識を学びます。

第9章と第10章は，国際複合一貫輸送の事例としてインターモーダル，シームレス物流を取り上げています。

「**第9章 国際複合一貫輸送：インターモーダル**」では，国際的な鉄道貨物輸送として，国をまたぐ国際鉄道貨物輸送を学びます。第5章で日本国内の JR 貨物による鉄道貨物輸送を学びましたが，それが，国際的な流れに合ったものなのかどうか，国際的な鉄道貨物輸送の発展と成果を今後どのように取り入れていくべきかなど，日本の現状を念頭に置きながら，学びます。とくに，近年中国政府が力を入れている「一帯一路」と関係した中欧班列についても解説しています。「**第10章 EU の物流実情**」では，産業活動が地球規模で展開されるなかで，IT・IoT・自動（無人）化を駆使した完全シームレス SCM（Supply Chain Management）物流（さらにスマート物流）の高付加価値化が重要

であるとしています。そのなかで，ドイツの「第4次産業革命：インダストリー4.0」などについて紹介しています。

「**第11章　物流産業の現状と行政の取り組み**」では，国内の物流産業の現状と直面している課題，物流産業が抱えている課題に対応するための行政の取り組みを紹介しています。昨今，日本の物流サービスは，物流ニーズの変化や，少子高齢化による労働力不足，働き方改革による労働環境改善の必要性などを背景に，物流の効率化や生産性の向上が重要な課題となっており，現在の優れた物流網を将来にわたって維持し，新たなニーズに応えるべく発展させていくためには，関係者が連携し，さまざまな対策を行う必要が生じています。

「**第12章　戦後のわが国物流の総括とこれからの物流**」では，戦後のわが国の物流について6つの段階に分けて整理しています。また，これからの物流について，「ロジスティクス4.0」，さらに，最近の新しい物流の動きについて，「自動運転」「先端技術の導入」について紹介しています。

　本書の特長は，6名の大学教員に加え，6名の実務経験者・行政関係者と共同で執筆した点にあります。大学教員による理論的な内容のみではなく，民間や行政の方が執筆者に加わることで，読者は物流のダイナミズムに触れることができるのではないかと自負しております。今回の執筆者は，日本物流学会九州支部の研究会メンバーであり，支部メンバーによる初めての共同研究の場となりました。

　本書は学生のみならず，これから物流企業に就職を目指す方や物流部門に初めて配属された方など幅広い方にご愛読いただければ幸いです。

　最後に，本書の出版にあたっては，中央経済社の小坂井和重氏に大変お世話になりました。この場をお借りして御礼申し上げます。

2020年3月

編著者　山　本　　　裕
　　　　男　澤　智　治

目　　次

第7章 港湾物流 95

第1章

物流を学ぶ

キーワード 物流機能　海運　陸運　空運　価格メカニズム

●本章の学びの目的

　資源に乏しい日本では，多くの原材料を輸入し，さまざまな製品を輸出してきました。これらの輸出入に必要な経済活動は国際的な物流です。島国である日本の輸出入は99.3％（重量ベース）が海運で行われています。

　一方で，学生の皆さんが身近に物流を感じるものとして，通信販売があります。この通信販売には宅配便などの物流が不可欠です。コンビニも物流のシステムに支えられている小売業です。このように，実は皆さんの周りには多くの物流があることを知ってください。この章は，これから物流を深く学ぶにあたって，その概要を知るためのガイドとなるものです。詳細は各章に委ねますので，ここでは物流の基本的な機能や理論の一端を紹介していきます。

1　物流とは何か

（1）　物流の概念

　近年リバイバルでベストセラーとなった本に『君たちはどう生きるか』（岩波文庫ほか）があります。その漫画本は200万部を突破したとありますが，本来は硬派のクラシックで，『日本少国民文庫』の中では倫理を担当することになっていました。その中で，オーストラリアの生乳が粉ミルクとなって日本の消費者の手に届くまで，いかに多くのつながりに依存しているか述べられています。現在の物流では，サプライチェーン・マネジメント（Supply Chain Management）とよばれますが，それは製造業で言うと，製品をつくる原材料の調達から消費者に届く販売までの一連の経済活動が，あたかも1つの鎖でつながっている様子を表しています（**図表1-1**）。

『君たちはどう生きるか』が書かれたのは戦間期で，海運の定期船航路は在来船の時代でした。本船荷役は天候にも左右されたため定時性に劣り，航海日数も長くなりました。

現在の定期船であるコンテナ船のスケジュールを調べると，オーストラリアのシドニーから横浜港まで12日とあります（APLのホームページ参照。2019年5月1日アクセス）。コンテナ船は天候も荷役にはほとんど影響がなく，寄港地も限られるため速達性も格段に向上したと言えます。

物流はさまざまな経済活動を支える縁の下の力持ちです。派生産業である一方，1990年代のロジスティクス（logistics）や，その後のサプライチェーンの概念は，企業経営全体の大きな関心事ともなっています。企業の各部門（事業部）の最適化から全社的な最適化へ，それが今日のサプライチェーンでは取引のあるステークホルダー全体での最適化が求められています。

図表1-1 サプライチェーン・マネジメント：フローの例

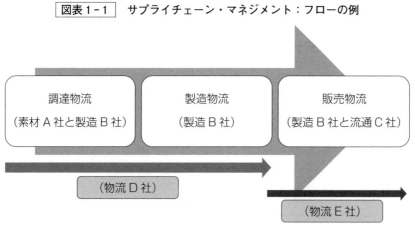

（出所）　山本裕（2019）「物流の理論と実際」『これからのビジネスと地域』166頁より。

（2）　物流の機能

　それでは具体的な物流とは何でしょう。交通経済学では，人流と物流に分けて考察しますが，さらに，海・陸・空で考えるとわかりやすいでしょう。人流は旅客が対象で，物流は貨物の流動と言えます。身近な物流の例は宅配便ですが，これはトラック輸送でもあり，鉄道貨物輸送も同じ陸運に含まれます。海運も同じ輸送機能としてはわかりやすいはずです。

　飛行機では旅客が預けるトランクは座席の下のベリー（おへそ）とよばれる部分に積まれており，余裕があれば一般貨物もこの部分に積まれます。また，空運にはフレーターとよばれる貨物専用機をもつ航空会社や，空の国際宅配便ともいえるアメリカの FedEx や UPS のようなインテグレーターも存在します。これらの輸送機能は重要な物流機能の1つであり，輸送コストは物流コスト全体の6割ほどを占めるとの報告もあります（JILS『2018年度 物流コスト調査報告書【概要版】』2頁）。

　保管も大切な物流機能の1つです。製造前の原材料や完成後の製品は調達や販売の過程で一時的に倉庫に保管されることがあります。倉庫は工場の敷地内の立地もありますが，小売業者や卸売業者がもつ物流センターの場合もあります。倉庫やセンターでは，輸入製品が店頭に並ぶまでに国内の仕様に合わせ，ラベルを貼り替えるなど流通加工が行われることもあります。これら3つに加えて荷役と梱包・包装，情報の6つが物流機能と考えられています。

2　物流の課題

（1）　物流と利便性の関係

　コンビニエンスストアと宅配便はたいへん身近な存在です。日本の流通はその多くを欧米の先進事例に倣って導入し，それを日本の商慣習に合うように改良を重ねてきました。コンビニも宅配便もはじめはアメリカの例を模倣しましたが，それを大きく発展させたのは日本です。今では日本式のコンビニはアジアではもちろん，近年はヨーロッパでもよく見かけるようになりました。アジ

アのコンビニでは品ぞろえも日本メーカーの商品を多く見かけます。

　コンビニの数は現在全国で5万5,831店舗（JFA『コンビニエンスストア統計調査月報2019年3月度』）で，大規模災害の折には，支援物資の支給場所ともなり（災害物流），社会インフラとよべる存在となっています。商品の小売りだけではなく，公共料金の納付や宅配便の受付け，チケット販売など他の多くの機能ももつようになりました。

　宅配便はネット通販と深く関係しています。ネット通販は本1冊や水（ボトルウォーター）も注文でき，それを物流で支える宅配の件数は毎年右肩上がりで，現在では約43億個に達しています（平成29年度実績 国土交通省）。かつてのトラック輸送はB2B（法人取引）が主流でしたが，多くのネット通販はB2CやC2C（個人取引）となっています。

　このネット通販が宅配便の件数を大きく押し上げ，幹線トラックや配達トラックのドライバー不足を招き，2017年10月には最大手の事業者が法人顧客に対して大幅な値上げを実施したとされています。このようにネット通販と宅配便との関係は深く，ネット通販の利用者への配送はラストマイル，商品の物流センターなどでの出荷や入庫，仕分け作業はフルフィルメントとよばれます。

（2）　モーダルシフトと物流効率化の工夫

　ところで，少子高齢化が進み労働人口が減少する中で，労働集約的な一面をもつ物流業界は厳しい局面に立たされることになります。本来は温室効果ガスの削減が目的だったモーダルシフトが，現在では幹線トラックのドライバーの負担を減らすためにも推奨されています。その結果，平日のカーフェリーとRORO船（九州・阪神航路など）では車両（トラック，トレーラー）の予約が取りにくくなっています。

　モーダルシフトの定義は500キロメートル以上の長距離トラック輸送を単位当たりの温室効果ガスの排出量が少ない鉄道や海運に転換することです。トラック輸送を鉄道に転換すると排出量は約10分の1に，海運への転換は6分の1に削減できます（平成29年国土交通省九州運輸局資料）。パリ協定に基づいて日本は2030年までに2013年度比で26％の削減を，運輸部門に限っては6,200万トンのCO_2削減が必要とされています。

図表1-2　輸送モードとその特徴

	海運	トラック （陸運）	鉄道貨物 （陸運）	空運
速達性	×	△	△	○
輸送量	○	×	△	×
輸送料金	○	△	△	×
温室効果ガス排出量	○	×	○	−

（出所）　筆者作成。

　日本の CO_2 排出量のうち運輸部門（自家用車を含む）からの排出は17.4％，貨物自動車だけで運輸部門の35.8％（日本全体の6.2％）を占めます（前掲平成29年資料）。

　ドライバー不足の対策としては，フェリー利用のほかにも長距離運転を途中交代する中継輸送の導入などがあり，アメリカではすでに高速道路でのトラックの自動走行の実証実験も行われています。貨物輸送の自動走行はコンテナターミナルでの利用が先行しており，欧州を中心に世界の多くの港で AGV（Automated Guided Vehicle）が導入されています。

　平成27年10月からは宮崎県の西米良地区で，路線バスが貨客混載で宅配便輸送を，平成28年1月からは熊本県の五木地区でも同様の輸送が本格実施されています。また，新潟県では旅客鉄道を使った混載も始まっています。

　このような取り組みは，異なる荷主が混載する共同物流と同様，物流効率化と考えることができ，輸送密度が小さな地域，とくに過疎地域での宅配便や公共交通機関の持続可能な方策として評価されます。

3　物流を調査・研究する

（1）　定期船輸送とは何か：海運史から

　国際物流では大きな役割を担う海運ですが，定期船については1（1）「物流の概念」でも少し触れました。少し古い本ですが，世界的な名著といわれる

フェイルの『世界海運業小史』にも定期船についての記述があるので引用して
紹介します。

> 「定期船サーヴィスとは，時間的間隔を規則的に保ちながら，特定の諸港
> 間に一定の運送サーヴィスを提供し，且つ，これらの諸港間を輸送さるべ
> く航海日程どおりの積込みまたは乗船を待ちかまえている貨物または旅客
> に対して，一般輸送人として奉仕するところの，同一の所有または経営の
> もとにおかれている一団の船隊を意味する。」（フェイル著，佐々木訳（1957）
> 279頁）。

　上記は今日では，海運会社が行う定期船（コンテナ船）事業に該当します。
それは事前に寄港地とスケジュールを発表する毎週の定曜日サービスで，定時
性の確保に努めています。

（2）　コンテナ輸送と世界経済の関係

　戦後，資源の乏しい日本は加工貿易を中心に復興を図ってきました。製品の
輸出は玩具や陶器・陶磁器類，繊維製品などの軽工業品からはじまり，その後
ラジオやテレビ，カメラや複写機などの家電製品と光学機器，化学品や工作機
械，自動車の完成車や部品を経て，今日では半導体や付加価値の高い素材製品
の輸出が残りました。

　労働集約型であるセットアップ（組み立て）型産業の多くはアジアや中国に
シフトしています。世界の多くの製品輸出は今日ではコンテナ船で行われてい
ますが，コンテナ貨物の流動は世界の輸出との相関も確認できます（**図表1-
3**）。世界の輸出量を説明変数として最小二乗法でコンテナ流動との関係を求
めると，補正後の決定係数は0.759，世界の輸出量が1％増えるとコンテナ流
動は0.908％増え，確かに相関が高いことがわかります。

　定期船（コンテナ船）事業は，コンテナ船の建造や用船以外にもコンテナター
ミナルの長期専用借用（コンセッション）契約や荷役機器類，トレーラー・
シャーシ（コンテナの荷台）などに莫大な設備投資を必要とする資本集約型産
業でもあります。

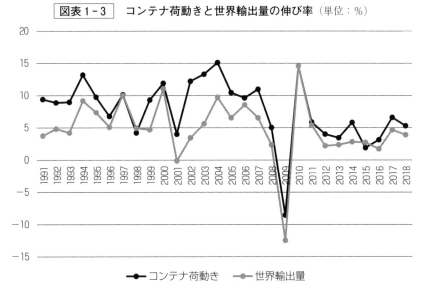

図表1-3　コンテナ荷動きと世界輸出量の伸び率（単位：％）

凡例：●コンテナ荷動き　●世界輸出量

（注）　2018年は予測値。
（出所）　日本郵船調査部『世界のコンテナ輸送と就航状況 2018年版』（日本海運集会所）4頁を
　　　もとに筆者作成。

　複合一貫輸送（インターモーダル）を可能とし，国際物流に大きな変革をもたらせたコンテナ革命の嚆矢は，1956年のアメリカでの内航輸送に求めることができます（レビンソン（2007））。その後アメリカと欧州間の大西洋航路，太平洋航路（北米航路）ではアメリカと日本・香港・台湾との間にコンテナ船が投入され，世界的にも普及するようになりました。現在ではアフリカの内陸国家でも，コンテナを見ない国はありません。

　世界のコンテナ取扱量の順位は1位が上海で4,000万 TEU，2位はシンガポールの3,400万 TEU，6位が韓国・釜山で2,000万 TEU，16位が台湾・高雄で1,000万 TEU です。日本は東京が500万 TEU で28位，神戸が290万 TEU で54位となっています（国土交通省 2017年速報値）。

　近年の港湾政策である国際コンテナ戦略港湾により，西日本の積み替え貨物は阪神港（神戸港・大阪港）への集約も進みましたが，本来の目的である東西基幹航路（北米航路，欧州航路）の維持拡大につながったとは言い難い状況です。

　日本全国での取扱量は2,300万 TEU ほどですが，上海やシンガポールではそ

の全量を超える貨物量を扱い，また，中国には1,000万 TEU 以上の港が8つも
あります（香港を含む）。釜山港は自国の貨物に加えて，中国や日本の貨物を
フィーダー（支線）で運び，北米航路と欧州航路の基幹航路などに積み替える
ハブ港の機能も負っています。このような配船形態はハブ＆スポークとよばれ，
海運に限らず空運や通信などのネットワーク産業に共通した形態と言えます。

（3） 運賃の科学

あらゆる商品やサービスには価格（対価）が付いています。市場経済では需
要と供給の均衡点，ミクロ経済学が教えるところでは需要曲線と限界費用曲線
の交点が資源配分的には最も効率的な価格となります。それでは，海運ではど
のように価格メカニズムが働き，運賃が決まるのでしょう。

海運市場における需要とは貨物量であり，供給とは船腹（船のスペース）です。
これに船の燃料（現在は重油ですが，産業革命以降は石炭）も運賃に大きな影響
を与えます。ノーベル経済学賞をとったオランダのティンバーゲンとクープマ
ンスは，これらの要因から最小二乗法（回帰式に含まれる係数を推定する方法）
を用いて運賃指標を分析しました。

1．Tinbergen（1934）：$OCF = 1.7CGO - 1.6VSL + 0.4FUE$

2．Koopmans（1939）：$OCF = 0.66CGO - 0.29VSL + 0.46FUE$

わかりやすくするために，ここでは OCF（Ocean Freight Rate）を運賃指標，
CGO（Cargo Moves）を貨物量の指標，VSL（Vessel Capacity）を船腹供給指標，
FUE（Fuel Charge）を燃料炭価格指標としています。係数は変えていません。

ティンバーゲンとクープマンスは異なった資料を使いましたが，単純とはい
え，同じようなモデルを作っているのは興味深いと言えます（佐波（1962）231
頁～235頁）。両方の式の符号からは，貨物量が増えると運賃は上昇，船腹の増
加は運賃の下落，燃料炭価格の上昇は運賃の上昇を招くことがわかり，これは
海運実務とも合致しています。

図表1-4は現在の定期船航路の欧州航路と北米航路のスポット運賃の時系
列グラフです。リーマンショック前後では大きく上下していますが，欧州航路

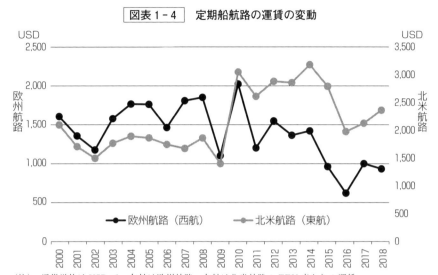

図表1-4　定期船航路の運賃の変動

（注）　通貨単位はUSDで，左軸は欧州航路，右軸は北米航路のTEU当たりの運賃。
（出所）　海事センター『主要航路のコンテナ荷動き量と運賃指数（2017年1月と2019年2月のファイル）』より筆者作成。

の運賃の振れがより大きく，定期船事業は航路によっても運賃の変動が異なる市況産業であることがよくわかります。

4　物流を学ぶにあたって

　物流の範囲は広範で，宅配便の配送もあれば，完成自動車の専用船での輸出入や，大陸国家ではパイプラインによるLNGの輸送もあります。また，物流は他の財やサービスとは異なって発生と同時に消費される即時材の特徴をもち合わせます。さらに，物流の起点や結節点となり，不特定の貨物が利用する港湾や空港，鉄道ターミナルは公共性が高く，物流の一端は行政のインフラ整備に大きく依存しているとも言えます。日本は海外と定期船航路をもつ地方港が60ほどもありますが，これは26倍ほどの面積をもつ中国を除けば世界一の多さです。

　コンテナによるインターモーダルは，トラック，船，鉄道を組み合わせた複合一貫輸送を可能としましたが，EUのような包括的な経済連携がない東アジ

ア（日中韓）では通関はもとより，検疫や車両相互通行規制が貨物の流動を損なっている一面があります。したがって，物流の隆盛は国の制度や国際関係にも依存すると言えます。

ところで物流は，個人利用者を対象として一律にコモディティ（商品）化された宅配便を除くと，利用者である製造業者や流通業者のニーズは多様で，テイラーメイド的な対応も求められます。

筆者は海運会社で国際物流に20年以上従事しましたが，物流は事業者がもつ船や航空機，トラック，倉庫などのハードに物流マンがもつ知恵や経験と情熱をどのように重ねることができるかで，提供できる物流サービスの多さと質が決まると考えています。また，顧客であるメーカーや流通業者と物流を創りあげる楽しみもありました。

本章は，これから物流を学ぶ入門編として，物流ビジネスの実際を商学や経済学の理論に立ち戻りながら描いてきました。物流は実務志向が強い学問で，なおかつ，製造業から流通業まで多くの業界で汎用性が高いとも言えます。学生諸君や初学者は本書でしっかり基礎を学んでください。

〈参考文献〉

参考文献は本書の全編を通じて基本的なテキストと，調査・研究の参考となるものを掲げます。

（財）運輸経済研究センター・交通学説史研究会編（1982）「第9章　物的流通（物流）」『交通学説史の研究』成山堂書店。
齊藤実・矢野裕児・林克彦（2015）『物流論』中央経済社。
佐波宣平（1962）『海運動学入門』海文堂。
白砂堤津耶（2012）「入門・回帰分析」『経済セミナー』No.668，日本評論社。
竹内健蔵（2018）『交通経済学入門（新版）』有斐閣。
中田信哉（2012）『ロジスティクス入門（第2版）』日本経済新聞出版社。
丸山雅祥（2017）『経営の経済学（第3版）』有斐閣。
宮下國生（2011）『日本経済のロジスティクス革新力』千倉書房。
山本拓・竹内明日（2013）『入門計量経済学』新世社。
山本裕（2012）『国際海運と内外港湾の競争力』長崎県立大学経済学部研究叢書17。
四本雅人編著（2019　発行予定）『地域と大学』長崎文献社。
リボリ・ピエトラ（雨宮寛・今井章子訳）（2007）『あなたのTシャツはどこから来たのか？』東洋経済新報社。

フェイル・アーネスト（佐々木誠治訳）（1957）『世界海運業小史』日本海運集会所。
レビンソン・マルク（村井章子訳）（2007）『コンテナ物語』日経BP社。
国土交通省九州運輸局（2017）「物流産業の現状とこれからの物流政策」長崎県立大学「物
　　流講座」資料。

練習問題

(1)　物流の輸送機能について説明してください。

(2)　輸送モード別の特徴（図表1-2）から，海運が国内物流で果たすべき役割について説明してください。

(3)　ネット通販と宅配便との関係を簡潔に説明してください。

(4)　市場経済では物流（貨物）量が増えると，輸送運賃はどのように変化するか，価格メカニズムの原理から考えてください。

(5)　物流業界でモーダルシフトが必要とされる社会的背景について述べてください。

第2章

サプライチェーン・マネジメント

キーワード サプライチェーン・マネジメント　サプライチェーン戦略　拠点の立地計画　ブロックチェーン

●本章の学びの目的

　今日，経済グローバル化の進展によって，サプライチェーン・ネットワークが複雑となってきています。また，新しい技術の発達に伴って，サプライチェーン・プロセスも変わりつつあります。競争優位を獲得するために，効果的かつ効率的なサプライチェーンを構築することが重要となってきています。

　本章では，まずサプライチェーンを説明したうえで，サプライチェーン・マネジメント（SCM）の重要性およびその内容を紹介します。次に，サプライチェーン戦略の位置づけを検討し，戦略に影響する重要な成功要因を分析します。最後に，情報の価値および新しい情報技術であるブロックチェーンなどを説明したうえで，サプライチェーンにおける活用を検討します。

1　サプライチェーンとは何か

（1）　サプライチェーンの構成

　サプライチェーンとは，原材料の調達から生産・流通を経て製品をお客様の手元に届けるまでの一連のプロセスです。漢字で表記すれば，「供給連鎖」になります。サプライチェーンは製品によって異なります。自動車の場合，構成部品数が3万点ほどと言われ，サプライヤーシステムが極めて複雑です。それに対して，農産物のサプライチェーンが比較的にシンプルです。また，同じ製品でも，生産工場や流通チャネルなどにより，サプライチェーンも違ってきま

図表2-1　Tシャツのサプライチェーン

| コットン供給業者（アメリカ） | → | Tシャツ生産業者（中国） | → | 流通業者 | → | 小売業者 | → | お客様 |

す。

　では，私たちの身近にあるTシャツとチーズバーガーの例を見てみましょう。

　まず，Tシャツのサプライチェーンを考えてみましょう。たとえば，お客様が1枚のTシャツを小売店で購入しました。このTシャツが小売店に補充される前に，流通業者の倉庫に保管されたはずです。さらに川上にさかのぼって，このTシャツは中国にある工場で生産され，その原材料であるコットンはテキサス州から調達されたものかもしれません。

　テキサスから中国，そして日本へ，船やトラックなどの輸送手段で輸送されたとイメージできるでしょう。この一連のプロセスを図表2-1に示します。

　次に，チーズバーガーの例を見てみましょう。マクドナルドのホームページにアクセスしたら，商品の情報を調べることができます。たとえば，チーズバーガーの場合，バンズの主要原料である小麦粉の産地はアメリカ，カナダ，オーストラリアであり，ビーフパティはオーストラリア，ニュージーランドです。オニオンはアメリカ，インド，スライスチーズはニュージーランド，オーストラリア，日本，アメリカから調達したのがわかります。また，ピクルスなどの食材もあります。

　Tシャツやチーズバーガーを生産するには，所要材料が少ないにもかかわらず，お客様まで届くまでの道のりは決して短くありません。自動車の場合，サプライチェーンの複雑さを想像できるでしょう。

　サプライチェーンは，ある製品の供給にかかわる多くの企業から構成するネットワークです。これらの参加者は最終の顧客，小売業者，流通業者，生産業者，供給業者，物流業者などが含まれます。一般的に最終製品を生産する企業を中心にサプライチェーンを管理します。

　一般的なサプライチェーンを図表2-2に示します。このネットワークにおけるノード（拠点）がサプライチェーンを構成する拠点であり，製造や貯蔵，

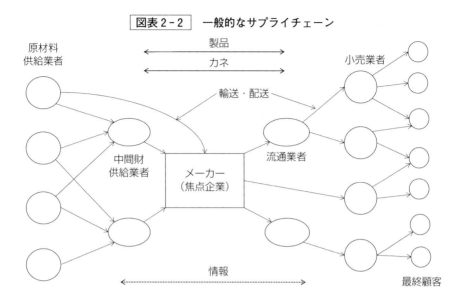

図表 2-2　一般的なサプライチェーン

流通加工などの機能を果たす企業になります。そして，輸送と情報などによって，かかわる企業がつなげられます。

　近年，環境への関心が高まり，消費者が製品を使用した後，製品の回収，再使用，リサイクルなどの流れが注目されてきています。これはリバースサプライチェーンと言います。また，製品の設計段階では，どのような原材料や部品を使用するか，どのように生産するかが大半決まりますので，サプライチェーンの起点が製品のコンセプトの生成から始まるといっても過言ではありません。本章では，一般のサプライチェーンを中心に紹介します。

　上述からわかるように，サプライチェーンでは，物流が欠かせない活動となっています。サプライチェーンの焦点企業の視点から見ると，物流は調達物流，製造物流（あるいは生産物流），販売物流からなります（**図表 1-1** 参照）。この生産者から消費者への物流は動脈物流ともよばれます。また，返品が発生する際に，返品物流が必要となります。さらに，使用後の製品を回収する際に，モノの流れを伴う物流が回収物流または廃棄物流とよばれます。動脈物流に対して，これを静脈物流とよびます。

（2） サプライチェーンの目的

　サプライチェーン・マネジメント（SCM）の定義は，まだ定着していませんが，簡単に言うと，サプライチェーンにおける諸活動およびプロセスを計画・管理することです。

　その目的は，顧客がほしいものを，ほしい時，ほしい量で，適正な価格で提供する前提下で，サプライチェーン全体のコストを最小化すること，または利益を最大化することです。全体の最適化にはサプライチェーンにおける参加者間の協調と協働が求められます。それにより，需要と供給を統合することを実現します。

　では具体的には，顧客のニーズを満たす製品を供給するために，どのような意思決定が必要となるかを，戦略レベルのサプライチェーン設計からオペレーションレベルまでの視点から述べます。

① **サプライチェーン設計**——立地計画，施設の能力，サプライチェーン・プロセス，内製か外製（Make-or-buy），輸送モード，情報システムなど。

② **サプライチェーン計画**——次年度の需要予測，どの生産地からどの需要地への供給，在庫政策，サプライヤーの選択，販促タイミングなど。

③ **サプライチェーン・オペレーション**——注文処理，出荷手配，在庫管理，配送・配達スケジュール，発注管理など。

　広義的には，SCMの対象はサプライチェーン全体です。実際に上手に管理している例もあります。ユニクロを知らない人はいないでしょう。ユニクロの製品は質が良くて価格が手頃です。なぜ，ユニクロがこのような服を提供できるのでしょうか。答えはSPA（Specialty store retailer of Private label Apparel：製造小売業）というビジネスモデルにあります。このビジネスモデルは，製品の企画から，素材の調達，製造，販売までのすべてのプロセスを管理します。これは，サプライチェーン全体をコントロールすることにほかなりません。

　多くの場合は，SCMの対象は自社の調達，生産，販売，物流のプロセスになります。これは狭義的なSCMと言えます。この場合は，サプライチェーン全体の最適化を求めるのがさらに難しくなります。ブルウィップ効果（鞭効果）

がサプライチェーンにおける問題点として有名です。

　ブルウィップ効果は，需要変動が川上へ伝達される際に，発注量の変化増幅の状況が鞭を大きく振り回す軌跡に似ていることが由来です（曹他，2008，P12）。この効果が起きる原因は，需要の不確実性，リードタイム，バッチ発注，過剰な注文，価格変動などがあげられます。需要の不確実性が最終顧客に起因するため，コントロールが難しいと考えられます。しかし，もし小売業者が顧客の需要情報を川上の流通業者または生産業者と共有したら，過剰な注文やバッチ注文などが避けられるでしょう。

　情報共有が，SCMにおいて重要な役割を果たします。情報技術の発展が，SCMに機会をもたらしてきています。これについて，第3節に詳しく述べます。

2　サプライチェーン設計

（1）　2つのサプライチェーン戦略

　企業の経営戦略は，企業戦略，事業戦略（競争戦略），機能戦略に大別することができます。マイケル・ポーターが提唱するコスト・リーダーシップ，差別化戦略，集中戦略の3つの競争戦略が有名です。

　サプライチェーン戦略は，新製品開発戦略やマーケティング戦略のような機能戦略の1つで，一般的に調達戦略，生産戦略，ロジスティクス戦略などがあります。そして，この中に立地計画，在庫政策，輸送モードの選択なども含まれます。

　サプライチェーン戦略を策定する際には，必ずほかの機能戦略と調和させ，上層レベルの競争戦略を支えます。たとえば，もし競争戦略がコスト・リーダーシップであれば，いかにコストを削減して，効率性のあるサプライチェーンを構築できるかが重要です。それに対して，競争戦略が差別化戦略であれば，柔軟性かつ応答性のあるサプライチェーンを構築することが重要となります。

　企業戦略および競争戦略を立てる際には，外部環境と内部環境をまず分析する必要があります。サプライチェーン戦略とほかの機能戦略の策定も同じです。SCMは需要と供給の統合で，サプライチェーン戦略の策定において，最も大

事なのは顧客需要の分析です。顧客の需要において，常に不確実性が存在し，その程度が製品の特性によって変わります。

たとえば，製品ライフサイクルの視点から考えてみましょう。製品ライフサイクルには，導入期，成長期，成熟期，衰退期があります。成長期では，需要の変動が大きくて，価格がやや高くても売れます。これに対して，成熟期では需要が比較的安定して，競争が激しくなります。

また，食料品への需要は衣料品と比べて安定します。自動車やコンピュータなどの耐久品は，品質やデザインなどの要件を満たしたら，一定期間を待ってもお客様が購入します。

競争優位を獲得するために，顧客のさまざまなニーズを満たすサプライチェーンが必要となります。基本的には，サプライチェーン戦略には，効率追求型と瞬時対応型があります。これを**図表2-3**に示します。

効率追求型の戦略は機能的製品，瞬時対応型は革新的製品に適用します。機能的製品は需要の変動が小さく，ライフサイクルの成熟期にある製品が多い一方，革新的製品は成長期にある製品や，ライフサイクルが短い製品が多いと考えられます。

換言すれば，効率追求型はいかにコストを低減するか，瞬時対応型はいかに柔軟かつ俊敏に応答するかを求めます。理想的な戦略は，効率性と応答性の両

| 図表2-3 | 2つのサプライチェーン戦略 |

	効率追求型 SC	瞬時対応型 SC
目標	低コスト	良い応答性
製品設計戦略	最小コスト	モジュール設計，延期戦略
価格戦略	低い利幅	高い利幅
生産戦略	高い稼働率	能力の柔軟性
在庫戦略	最小化	バッファー在庫
リードタイム戦略	低コストで短縮	積極的に短縮
サプライヤー戦略	低コストと品質	スピード，柔軟性，信頼性，品質
輸送戦略	低コストのモード	応答の良いモード

（出所）　Fishier（1997），Chopra and Meindl（2016, p42）より作成。

方を達成する柔軟なサプライチェーンになります。しかし，この両者の間にトレードオフが存在し，コストの低減を求める際には，柔軟性を犠牲にしないと実現できないかもしれません。大事なのは，効率性と応答性のバランスを取ることでしょう。

（2）　拠点の立地計画

　本項では，サプライチェーン戦略をどのように実現できるかを述べます。

　前に述べたように，サプライチェーン・ネットワークは拠点（ノード）と輸配送（リンク）から構成されます。これらのノードは生産拠点，物流拠点，または流通拠点になります。また，拠点と拠点の間には輸送あるいは配送が必要で，拠点の中では在庫が維持され，在庫管理が必要となります。これらの活動は物流あるいはロジスティクスに直接かかわっています。ほかには，製品を生産するために，サプライヤーの選択や Make-or-Buy など調達にかかわる活動や，ほかの活動に伴う情報に関する意思決定，価格設定などの要因もサプライチェーン・パフォーマンスに影響を与えます。そして，これらの決定要因は相互にも影響します。

　ここでは，直接ロジスティクスにかかわる拠点，在庫および輸送を中心に，サプライチェーン・パフォーマンスに与える影響および要因間にあるトレードオフを説明します。

①　拠　　点

　サプライチェーン・ネットワークのノードである拠点をどこに立地させるかによって，サプライチェーン・プロセスおよびパフォーマンスが変わります。拠点の立地計画に与える要因が多数あり，また拠点のタイプによって違います。

　たとえば，生産拠点を決める際に，道路や交通などのインフラ状況，労働力のコスト，政策面の優遇，環境面の規制，市場への距離および原材料の供給など，重要な影響要因を総合的に考えなければなりません。海外で立地の場合，さらに政治面や為替のリスクなどを考慮すべきです。また，生産拠点と物流拠点の立地は一般的にコストを重視する一方，商業施設の場合は，人口や購買力，交通利便性などが重要な成功要因になります。

　立地計画の手法はファクター・レイティング法（Factor-rating method）や重心法などがあげられます。

　ファクター・レイティング法は立地に及ぼす影響要因の重要性を考えるうえで，代替案を選択する手法です。具体的な手順は次のとおりです（**図表2-4**参照）。

・影響要因をリストアップします（1列目）。

・各要因に重みを与えます（2列目）。

・各要因の評点範囲（たとえば，1-100点）を決め，各案の要因別の評点をつけます（3，4列目）。

・各案の要因別の重み付けの評点を求めます（5，6列目，たとえば，0.2×80＝16）。

・各案の重み付けの評点を合計します。

・最大評点の案を選択します。

　図表2-4は，物流拠点の立地案の例です。

　重心法は複数の店舗へ商品を配送する流通センター，または複数の供給業者から部品や原材料を調達する生産拠点の立地を決める際に役立つ手法です。た

図表2-4　ファクター・レイティング法による拠点の立地計画

要因（ファクター）	重み	評点		重み付けの評点	
		A 立地	B 立地	A 立地	B 立地
輸配送の便利性	0.20	80	60	(0.20)(80)＝16	12
労働力の確保条件	0.15	60	50	9	7.5
需要地への近接性	0.15	80	70	12	10.5
工場への近接性	0.20	50	80	10	16
電力などの供給条件	0.10	80	80	8	8
関連政策	0.10	60	70	6	7
生活水準	0.10	50	80	5	8
合計	1.00			66	69

とえば，ある地域に流通センターの施設を配置することを考えてみましょう。各店舗の位置（座標）および配送量がわかる場合，流通センターの位置（座標）は次のように決めることができます。

・流通センターの X 座標＝（各店舗の X 座標×配送量）の合計÷（各店舗への配送量の合計）

・流通センターの Y 座標＝（各店舗の Y 座標×配送量）の合計÷（各店舗への配送量の合計）

ほかには，数理モデルやシミュレーション手法が立地計画に利用できます。

また，サプライチェーンの拠点に関する意思決定を行う際に，施設の能力や自動化の程度など，サプライチェーン戦略に合わせて，さまざまな要因を考慮すべきです。たとえば，生産拠点の場合，柔軟性のある工場かそれとも効率性を重視する専用の工場か，製品別のレイアウトかそれとも工程別のレイアウトか，などの選択があります。物流拠点の場合，小規模・分散型かそれとも大規模・集約型か，クロスドッキングか貯蔵かなどを決める必要があります。

②　在　　庫

在庫は原材料や部品，完成品などの形でノードおよびリンクに存在します。在庫の主な目的は，お客様のニーズを満たすようにサービスレベルを向上させることと，安定的な操業ができるように効率を高めることがあげられます。そのために，必要なものを，必要な時に，必要な量を，必要な場所へ供給できるように，どの拠点に配置するか，各拠点においてどれぐらい維持するかなどに関する在庫政策を決める必要があります。

ここでは，在庫の配置がサプライチェーン・パフォーマンスに与える影響の視点から述べます。どの拠点に配置するかが前項の拠点立地に緊密につながっています。分散型拠点にそれぞれ在庫を維持する場合，川下にあるお客様の需要に迅速に応えることができます。つまり，輸配送のリードタイムの短縮や，高いサービスレベルが期待できます。一方，それぞれの拠点に在庫を配置する場合，在庫費用が高くなります。また，一般的に在庫量は需要予測に基づいて決定するため，その予測の精度が低い場合，売れないおそれが発生し，これが

死蔵在庫になります。集約型拠点に在庫を保管する場合，需要地へのリードタイムが長くなりますが，集中効果で在庫費用を抑えることができます。

では，どのようにお客様への応答性を犠牲にしない前提で，効率性も求めることができるかを考えてみましょう。

サプライチェーン・プロセスを**図表2-5**のようにプッシュ・プロセスとプル・プロセスに大別することができます。生産システムを例に説明します。生産方式には見込生産と受注生産があります。見込生産は需要を予測し，それに基づいて生産を行う方式に対して，受注生産は顧客の注文が確定した後，生産を行う方式です。また，受注の段階により，仕様受注や受注組立生産などに分類できます。一般的に，受注からの生産プロセスをプル・プロセス，見込の生産プロセスをプッシュ・プロセスとよびます。この考え方をサプライチェーン・プロセス全体まで拡張してもよいでしょう。

受注生産を実現できる前提は，顧客の要求納期までに製品を供給できることです。この場合はサービスレベルに影響しません。たとえば，お客様はプリウスを注文し，3カ月以内に納車されたら満足する場合，トヨタがプリウスの供給リードタイムを考慮し，3カ月を超えないようにプリウスを生産してお客様に届けたらよいのです。

事前に生産して在庫として保管する代わりに，生産を遅らせるこの手法を延

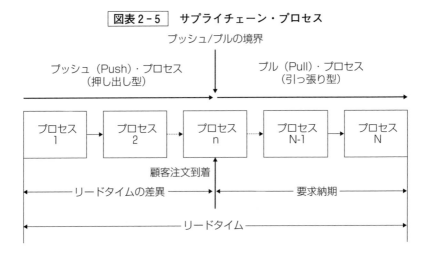

図表2-5 サプライチェーン・プロセス

期戦略と言います。生産延期以外，包装延期やラベル貼り延期，時間延期など
もあります。サプライチェーンにおける在庫の配置を考える際に，もし顧客の
要求納期が十分長い場合，在庫をできるかぎり川上の拠点に集約して，時間延
期戦略を採用すればよいと考えます。これにより，効率性と応答性の両方を高
めることが期待できます。

③　輸　　送

　サプライチェーン・ネットワークの拠点は輸配送でつながります。この輸配
送は輸送機関により行われます。主な輸送機関にはトラック，鉄道，航空機，
海運があり，それぞれ特性をもっています。選択する際に，輸送量や時間，費
用などの条件を総合的に判断すべきでしょう。輸送モードの選択は**図表 1 - 2**
を参照してください。

　拠点，在庫，輸送の三者は，サプライチェーン設計において重要な要因と
なっています。また三者の間に緊密な関係をもっており，トレードオフが存在
します。たとえば，輸送と在庫を例にします。輸送活動から見ると，1 回当た
り輸送量が多いほど，単位当たりの輸送コストが下がるのに対し，在庫保管コ
ストが上がります。意思決定を行う際に，お客様のニーズを満たすという前提
で，どのようにサプライチェーン全体のコストを最小化することができるかが
重要なポイントになります。

3　デジタル時代の SCM

（1）　情報の価値

　情報もサプライチェーン戦略を成功させる重要な決定要因の 1 つです。T
シャツのサプライチェーンを振り返ってみましょう。実際に，このサプライ
チェーンにおいて，いくつかの受発注プロセスが含まれています。たとえば，
お客様が小売店から購入した後，小売店が在庫をチェックし，流通業者（卸業
業者や配送センターなど）に発注し，流通業者が受注して納品します。同様に，
流通業者と生産業者，生産業者と供給業者の間にも受発注のプロセスが必要と

なります。

　そして，これらのプロセスには情報がつきもので，その質が直接サプライ
チェーン・パフォーマンスに影響をもたらします。前述したブルウィップ効果
がその一例です。とくにグローバル化が進んでいる中，サプライチェーン・
ネットワークが広くなってきており，情報の伝達や共有，活用などがさらなる
重要な役割を果たしています。

　多くの企業が情報システムを武器に競争優位を獲得しています。ユニクロが
SPA というビジネスモデルでサプライチェーンを成功させていると前に述べ
ました。現在，ユニクロを展開するファーストリテイリングが SPA モデルを
進化させ，「情報製造小売業」への転換を進めています。この新しいビジネス
モデルは，膨大なデータを有効に利活用することで，「無駄なものをつくらない，
無駄なものを運ばない，無駄なものを売らない」の実現を目指しています。

　ほかには，取引先とパートナーシップを構築し，情報共有を行った事例は
ウォールマートと P&G があげられます。ウォールマートはアメリカ小売店最
大手の小売業者で，自社の POS データを供給業者である P&G と共有し，後
者はこの POS データをもとに需要予測し，納入や在庫管理を行った事例が有
名です。

（2）　情報技術の活用：IoT，AI，ブロックチェーン

　有益な情報を活用するために，まず欲しい情報を収集して分析し，情報の利
用者に提供する必要があります。ERP（Enterprise Resource Planning）システ
ムは，調達，生産，販売，会計，人事など，すべての業務プロセスを統合する
情報システムです。情報の一元管理やタイムリーな情報などで，プロセスの効
率化と可視化が実現されます。近年，IoT や AI，ブロックチェーン技術など
の発展で，より一層質の高い情報をタイムリーに利活用できるようになってき
ており，さらなる生産性の向上などが期待されます。

　IoT（Internet of Things）は，モノのインターネットの意味で，あらゆるもの
がインターネットにつながる仕組みです。サプライチェーンにおける活用を考
えてみましょう。輸配送中の製品に電子タグ（RFID）をつければ，製品がど
こにあるか追跡できます。倉庫に温度センサーを設置したら，温度を監視して

倉庫の管理ができます。当然，工場の中の機械や輸送中のトラックを IoT デバイスとして，インターネットにつなげたら，その機械とトラックの状況を常に把握することができます。

　AI（人工知能）は IoT と同様に，近年の重要なキーワードとなっています。AI は新しい言葉ではありませんが，また流行になったのはビッグデータと深層学習という技術を利用するような環境ができたからと言われています。サプライチェーンにおける最大の活用はビッグデータを分析し，その結果を利用して予測を行い，意思決定の根拠を見つけることでしょう。サプライチェーン上のビッグデータは，製販などのデータ以外，上記の IoT データも含まれます。また，画像や音声認識の AI 技術も物流活動に応用することが期待できます。

　ブロックチェーンは分散型台帳のことで，暗号技術がベースになっており，中央管理者を必要とせず，取引が発生する時点で権限をもっているプレーヤーが情報を記録したら，その情報がブロックチェーンのほかのプレーヤーに自動的に伝達され，記録された情報を改ざんすることができません。この透明性や安全性，トレーサビリティなどの特性は，SCM における情報共有の課題を解決する最適な手法といっても過言ではないでしょう。

　ブロックチェーン技術の活用により，メンバー間にサプライチェーンが可視化され，リードタイムやコストの低減が期待できます。そして，原材料の産地から追跡できるため，消費者がサプライチェーンにおける商品に関するすべての情報も把握できます。質の高い商品を提供することで，お客様の満足度向上につながります。

　ここでウォールマートの例をあげます。ウォールマートは IBM と提携して，生鮮食品に IBM Food Trust を利用しています。IBM Food Trust は，ブロックチェーン技術を利用した食品サプライチェーンのネットワークです。このサービスを利用することにより，食品を追跡し，効率性だけなく，産地の明示によってお客様の満足度も上がります。

　このように，IoT や AI，ブロックチェーンなどの技術を活用することで，サプライチェーンを可視化し，効率性や応答性などの改善が期待されます。一方，情報セキュリティや組織間における提携などの課題が存在します。サプライチェーンを構築する際に，やはり影響要因間のバランスを取ることが大事と

考えられます。

〈参考文献〉

圓川隆夫編著（2015）『戦略的 SCM—新しい日本型グローバルサプライチェーンマネジメントに向けて』日科技連。

苦瀬博仁編著（2014）『ロジスティクス概論—基礎から学ぶシステムと経営』白桃書房。

苦瀬博仁編著（2017）『サプライチェーン・マネジメント概論—基礎から学ぶ SCM と経営戦略』白桃書房。

曹徳弼・中島健一・竹田賢・田中正敏（2008）『サプライチェーンマネジメント入門—QCDE 戦略と手法—』朝倉書店。

高桑宗右ヱ門（2015）『オペレーションズマネジメント—生産とサプライチェーンの管理』中央経済社。

中田信哉・橋本雅隆・嘉瀬英昭（2007）『ロジスティクス概論』実教出版。

藤本隆宏（2001）『生産マネジメント入門 I：生産システム編』日本経済新聞出版社。

百合本茂・片山直登・増田悦男（2015）『ロジスティクスの計画技法—ロジスティクスの分析・設計で用いられる手法』流通経済大学出版会。

Fisher, M.L. (1997) What is the Right Supply Chain for Your Product? Harvard Business Review, March/April, pp105-116.

Chopra, S., and Meindl P. (2016) *Supply Chain Management: Strategy, Planning, and Operation, 6th edition*, Pearson.

IBM, IBM Food Trust, 株式会社ファーストリテイリング,「アニュアルレポート2018」, https://www.fastretailing.com/jp/ir/library/pdf/ar2018.pdf（2020/1/5アクセス）。

練習問題

(1) 事例を用いてサプライチェーンを説明してください。

(2) サプライチェーン・マネジメントを説明してください。

(3) サプライチェーン戦略を説明してください。

(4) SCM におけるブロックチェーンの活用を説明してください。

第3章

トラック輸送と宅配便

| キーワード | 特別積み合わせ輸送　　トラックターミナル　　幹線輸送　　輸送効率化　　再配達問題 |

●本章の学びの目的

　トラックというコトバ。私たちにはとても馴染みがあります。しかしながら，トラックの特長や活躍の現状について詳しく知っている人の数は果たしてどれくらいでしょうか。

　わが国では，多くの企業によって活発に産業活動がなされ，私たちの生活を豊かにしています。その物的な取引を輸送面で支えているのが「物流」ですが，日本国内の「モノ」の輸送のうち，トラックによる輸送の割合はトンベースで90％強にもなります。トラック単独の輸送のみならず，他の輸送モードすなわち船舶・鉄道・航空の輸送拠点との接続輸送も担っていることから，国内物流においてトラック輸送はとても重要な存在になっています。トラック輸送を学ぶこと，それは「物流」を理解するうえで大切なポイントになります。

　本章では，国内物流の基幹的存在とも言える「産業」としてのトラック輸送事業を概説します。トラック輸送事業や，私たちにとって身近な存在である宅配便の仕組み，そして現在，トラック輸送が抱える問題とその解決への糸口を考えてみます。

1　トラック輸送の「今」

（1）　物流の主役としてのトラック輸送

　トラックは door to door の利便性，きめ細やかで時間を問わない柔軟な機動

性を特長とし，迅速さが求められるわが国の輸送サービスに適しています。トラックは中間財の完成品や消費財といった「商業貨物」を中心に輸送しています。具体的には，スーパーやコンビニでの納品作業，ネット通販に代表される宅配便の配達を思い起こせば理解できるでしょう。普段，身近に見かけるトラックですが，国内貨物総輸送量の割合を比較すると他の輸送モードを圧倒しています。

| 図表 3－1 | 輸送機関分担率 (平成28年度) |

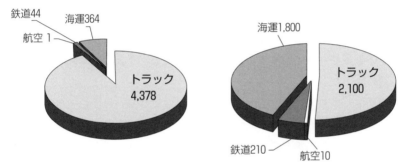

トンベース（単位：百万トン）　　　　　トンキロベース（単位：十億トンキロ）

鉄道44　海運364
航空1
トラック
4,378

海運1,800
トラック
2,100
鉄道210　航空10

トンベース合計　4,787百万トン　　　トンキロベース合計　4,120億トンキロ

（出所）　国土交通省『自動車輸送統計年報』，『鉄道輸送統計年報』をもとに作成。

　輸送量のトン数集計値であるトンベースでは，船舶7.5％，鉄道１％，航空0.02％に対し，トラックは91.5％と，国内で流動する貨物の９割以上を輸送しています。さらに言えば，貨物の発地〜駅・港湾・空港，そしてその先の着地までの輸送もトラックが担っている事実から，国内のほとんどの貨物にトラックが関与していることになります。これを輸送トン数に距離を乗じたトンキロベースという別の指標で捉え直すと，トラックは50.8％，船舶43.6％，鉄道５％と割合が大きく変化し，船舶や鉄道は比較的に長距離輸送されていることがわかります。

　トラック輸送でも輸送距離が１運行で1,000キロメートルを超える九州〜関東，関西〜東北などの長距離輸送が存在しています。しかし，759万台ある日本国内のトラック１台当たりの平均で捉えると，走行距離は１日100〜200キロ

メートル前後，輸送回数（積み込みから輸送，そして積み下ろし）を 3 回程度こなしている計算になり，国内貨物の大部分を短距離で，きめ細かく輸送しています。

　現在，国内で貨物を輸送する際，発地～着地間でどのような輸送経路をとるにせよ，トラックによる輸送を必要とします。わが国貨物輸送におけるトラック輸送の仕組みを見てみましょう。

（2）　トラック輸送事業発展の経緯

　戦後，「道路運送法」によりトラック輸送事業は免許制によって参入が規制され，また「区域貨物」，「路線貨物」など事業形態に区分がありました。その区分により混載輸送や長距離輸送が制限され，運賃設定も自由に行うことができませんでした。

　1990年になって，「貨物自動車運送事業法」と「貨物運送取扱事業法」のいわゆる物流二法が制定されてから大きく事業の仕組みが変わることになります。

　「貨物自動車運送事業法」では，トラック輸送事業は免許制から，一定の要件さえ満たせば誰でも参入できる「許可制」となり，区域貨物・路線貨物を問わず，不特定多数の荷物を混載輸送できるようになりました。また運賃設定も事前届出制へと緩和されて新規参入の促進がなされた結果，同年以降，さらに事業者数は増え続け競争が激化していきます。

　他方「貨物運送取扱事業法」では，「利用運送」すなわち他社が運行する輸送モードを利用し，有償で荷主の貨物輸送を行う事業においても許可制へと緩和され，各輸送モードごとに別々であった利用運送事業を一本化して，複合輸送にも対応できるようになったことは，現在のトラック輸送においては注目すべきことです。

　さらに2000年の「物流三法」によって，都道府県単位の営業区域規制が廃止され，いよいよトラック輸送事業は日本全国どこにでも，また不特定多数の混載輸送もできるようになりました。規制緩和以降，さらなる新規参入と自由競争が促進され，事業者数は1990年の約 4 万社から 6 万2,000社にまで増加しました。

（3） トラック輸送の仕組み

現在のトラック輸送の仕組みを実務レベルから，貸切輸送（チャーター），特別積み合わせ輸送，そして積み合わせ輸送の3つに区分して解説します（**図表3-2**参照）。

貸切輸送（チャーター）は，荷主がトラック1台をまるごと借り切る輸送形態です。たとえば，大阪から東京までの貸切輸送の場合では，トラック輸送事業者は，荷主から運送依頼を受けた後，配車担当者が積み込み地へトラックを手配します。積み込みが完了すると，荷送人より「送り状（納品書）」を受け取り出発します。夜間，高速道路や一般道を経て，翌朝，東京の目的地点付近にて待機します。指定時刻になると構内へ入構して受付を済ませ，荷下ろし・受領書受け取りが終わったら業務は完了です。

特別積み合わせ貨物輸送は，少量の荷物を営業所やトラックターミナルなどの中継点で集約・仕分け・積み合わせをし，そこから全国各方面の目的地近くのターミナルまで幹線輸送，そこからエリア別に分散配送する輸送形態です。荷物1個から輸送できる宅配便も，この特別積み合わせの分類になります。

まず，利用者は特積もしくは宅配輸送事業者のドライバーやコンビニなどの取扱い窓口にて荷物を預けます。その後，集配専用のトラックが集配エリアの営業所，さらに全国各地へ向けての幹線輸送拠点となる「トラックターミナル」へと輸送します。集められた荷物は各方面別に仕分けられ，大型トラックに積み込まれます。そして深夜，高速道路等の幹線道路を経て，着地のトラックターミナルへと輸送します。この発地・着地ターミナル間の長距離輸送を幹線輸送といいます。ターミナルに到着後，地区別・方面別に仕分けて集配エリアの営業所に輸送し，通常であれば昼ごろまでには荷受人へ配達が完了します。

最後に，積み合わせ輸送ですが，特別積み合わせ輸送とよく似ています。大きな違いはターミナルを経由せずに混載輸送する点です。複数の地点で積み込み，複数の着地で荷下ろしをする輸送形態です。ミルクラン（巡回集荷）やコンビニエンスストアなどのルート配送も，この積み合わせ輸送に相当します。規制緩和以降，貸切輸送を主に取り扱う事業者が小口化する輸送貨物に対し，トラックの積載効率を上げる目的で，この積み合わせ輸送を日常的に行うよう

図表3-2　トラックの輸送形態

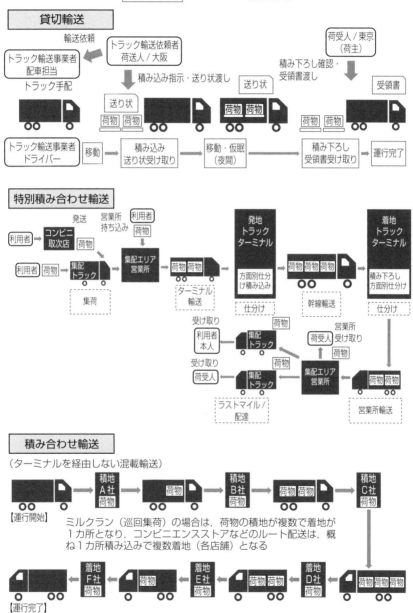

（出所）　筆者作成。

になっています。

　最近では大手特積・宅配便輸送業者の下請けとして，集荷・配達・幹線輸送の業務を受託する中小規模の事業者も多くなりました。こうして現在，トラックによって貸切・特別積み合わせ・積み合わせの貨物輸送が複合的になされ，きめ細やかで柔軟な輸送を日本全国にわたって展開しています。

2　宅配便：究極のトラック輸送

（1）　宅配便の誕生と発展

　特別積み合わせは，トラックターミナルを結節点として幹線輸送トラックと集配トラックを組み合わせた輸送方式ですが，現在の宅配便はさらに進化して，他社が運行するトラック・鉄道・船舶・航空を利用してインターモーダルな輸送を行っています。それでは，次に宅配便を取り上げ，高度に洗練されたトラック輸送の姿を見てみましょう。

　荷物１個から door to door の配送を行う宅配便は1976年，関東一円に貨物輸送ネットワークをもっていたヤマト運輸の「宅急便」によって本格的にスタートしました。集荷した荷物をトラックターミナルで仕分け，幹線輸送を行う特別積み合わせに分類される輸送形態です。

　かつての個人の小荷物は，郵便小包か国鉄小荷物がありましたが，郵便局や駅までもって行かなければならず，いつ到着するかわからない，扱いが粗雑であるなど問題点も多くありました。この個人の小荷物市場に，ヤマト運輸は輸送インフラとしての宅配便輸送を始めました。

　電話１本でドライバーが集荷に訪問し，翌日配送の迅速性や時間指定配達の利便性，１個当たりいくらの簡単明瞭な運賃，そして段ボール箱や紙袋，さらには，こわれ物や貴重品，冷蔵，冷凍にも対応できる柔軟な輸送の仕組みは皆さん周知のとおりです。

　現在，ヤマト運輸，佐川急便，日本郵政はじめ，西濃運輸，福山通運など21社（グループ）が宅配便サービスを展開しています。その取扱い個数は年間42億個超，メール便を合わせると100億個（冊）近くにまで達し，市場規模は2

兆円を超えるまでに発展してきました。宅配便では，包装された荷物の三辺の合計が160〜170センチメートル以下，重量30キログラム以下の小型の荷物を扱います。スタートした当初は一般の個人の荷物を取り扱う C2C の輸送サービスとして始まりましたが，企業間物流（B2B）やネット通販（B2C）の需要拡大が近年の宅配便輸送拡大の背景にあります。

　B2B の宅配輸送が発展した背景には，トラック輸送発展の経緯にも関連します。かつて企業は，商品を一度にまとめて手配し，大量に配送する需要形態をとっていました。それが次第にサプライチェーンの川下側で在庫をもつことを抑え，その都度，必要量を発注し余分な在庫をもたないようになります。次第に輸送1回当たりの貨物が少量になって配送回数が増える「多頻度小口化」しました。在庫量を抑えると，発注・仕入れのタイミングが細やかになり，納品には指定された時間でのスピード配送が求められます。こうした点が宅配便の輸送サービスにマッチし，多くの企業に受け入れられました。

　B2C は，現在ネット通販（EC）市場が急速に拡大していることからもわかるように，私たちが最も宅配便を身近に感じることができる輸送ニーズです。今では当たり前になった日付・時間指定配達，不在時における再配達，代金引換，商品返送など，購入者にとって便利な宅配便の配送サービスは「ラストマイル」とよばれ，ネット通販市場だけでなく国民生活になくてはならない存在となりました。

（2）　現在の宅配便のすがた

　宅配便の輸送工程は，集荷──→ターミナル輸送──→仕分け──→幹線輸送──→仕分け──→営業所輸送──→配達（ラストマイル）のフローになります。宅配便の輸送ネットワークは日本全国に張り巡らされています。

　宅配便のネットワークにおいては，集荷窓口となるサービスドライバー，営業所やコンビニ，そしてトラックターミナル・鉄道駅・港湾・空港を経由します。現在，宅配便の多くが貨物追跡システムを構築し，いつ，誰が，どの経路上の結節点（ノード）を経由させたのかが照会できるようになっています。この貨物追跡機能（トレーサビリティ）は宅配便輸送の大きな特徴の1つになっています。

34

図表 3-3　宅配便輸送のパターン

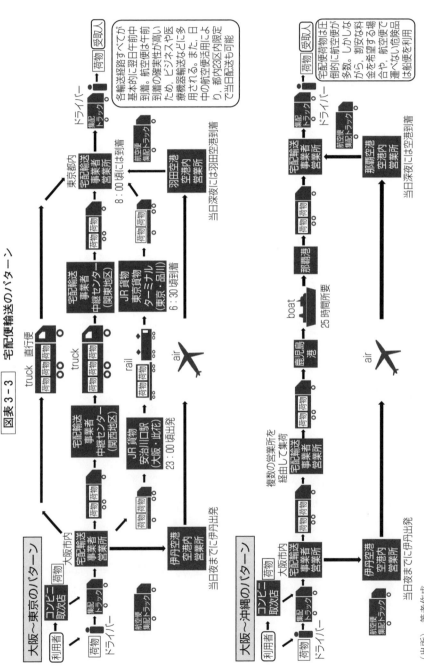

（出所）筆者作成。

　宅配便は，道路・鉄道・空路・航路とほぼすべての経路（リンク）がネットワークの中に組み込まれています。もちろんそれらのリンクをつなぎ合わせているのはトラック輸送です。特別積み合わせでは，結節点（ノード）を経由する際，ほとんどの場合がトランスモーダルの輸送形態になりますが，宅配便の場合は緊急度や輸送経路の地理的条件などによってインターモーダルな組み合わせになります。また経由するトラックターミナルや在庫・物流加工機能をもつ物流センターが高度化し，宅配輸送の高速化がさらに進化しています。

　ここで，いくつかの輸送パターンを取り上げてみましょう（**図表3-3**参照）。大手宅配輸送業者では，大阪発〜東京行きの荷物の場合，大阪から東京間をターミナル経由で全行程トラック輸送するパターンと，トラック——鉄道——トラックのパターンがあります。また，急ぎの荷物の場合はトラック〜伊丹空港——航空機——羽田空港〜トラックが選択されて，利用者のニーズに対応しています。航空機利用の場合は運賃が割高になりますが，当日配送などスピードが求められる荷物の場合にはとても便利なサービスです。

　大阪〜沖縄（離島）の輸送では，トラックで空港へ運び入れ，そこから航空機で沖縄本島まで輸送するか，鹿児島の港までトラックで運び，そこから沖縄本島まで船舶で輸送する2通りの輸送経路になります。この場合，船便は運賃が割安ですが，到着まで3日以上かかってしまいます。また急ぎの荷物の場合であっても，航空機で運べない危険物などはすべて船便になるので事前に確認が必要です。

（3）　進化する宅配便

　大手宅配便業者は輸送スピードをさらに高速化させるため，輸送ネットワークに高機能化したトラックターミナルや物流センターの配置をしています。また，3PL業者が各企業の物流機能を一括受託し，マルチテナント型物流施設に集約する動きや，ラストマイルにおいては当日配達の仕組みをネット通販事業者独自で構築するなど，宅配便は進化を続けています。

　スピードが大きな特徴である宅配便輸送において，ターミナルでの仕分け作業は大きなボトルネックとなります。佐川急便では，営業所間を直接結ぶ「直行便」と，ネットワーク上に設置された「中継センター」を経由するルートが

あります。ハブ&スポークシステムのハブに相当する中継センターでは各営業所から輸送されてきた荷物を高速ターンテーブルで仕分けして集約し，そこから別エリアの中継センターや各営業所へ向けて幹線輸送します。トラックの積載効率を高めて長距離を走る幹線輸送トラック台数を減らすとともに，営業所での仕分け作業を簡素化して発送のスピードを向上させています。

　また全国の主要な営業所には，下層階はトラックターミナル，上層階には物流センターを備えたSRC（佐川流通センター）構造の施設があり，顧客から受託した物流業務を行っています。ターミナルと直結するSRC構造は，集荷や配達のタイムロス軽減，また環境に配慮した物流センターとしての特徴があります（**図表3-4**）。

　ヤマト運輸では，「ゲートウェイ構想」によって，関西（茨木），中部（豊田），関東（厚木）に24時間稼働の高速自動仕分け機能と物流加工機能を備えたターミナル兼物流センターを設置しています（**図表3-5**）。

　関西⟺中部⟺関東の各ゲートウェイ間を24時間・多頻度幹線輸送して，高速化を実現しています。これまでは各営業所間を1日1回・夜間の長距離幹線輸送をしていました。出発荷物・到着荷物を同時に仕分ける「荷物を止めない」ゲートウェイの仕組みにより多頻度・高速幹線輸送を実現することができ，関西〜関東間全工程トラック輸送での当日配送が可能になりました。

　近年，企業の物流機能を包括的に受託する3PLが台頭しています。分散する顧客の物流業務を，物流施設プロバイダーが運営するマルチテナント型の物流センターへ集約する動きが活発になりました。リンクへのアクセスが良好な立地や，上層階にまでトラックが乗り入れ可能なランプウェイ，効率のよい荷役作業ができるバースを備えた次世代型物流センターは，トラック輸送の集荷・配達のスピードを向上させます。大手のネット通販事業者も，こうした物流センターに拠点を設け，宅配輸送のスピードを大幅にアップさせています（**図表 3-6**）。

　皆さんにも馴染みのあるAmazonもFC（フルフィルメントセンター）とよばれる次世代型物流センターを全国に展開しています。Amazonは2011年頃から「消費者立地型」へと物流戦略をシフトしましたが，日本国内においても消費者に近いエリアへ物流センターを構え，輸送距離の短縮とコストの削減を図っ

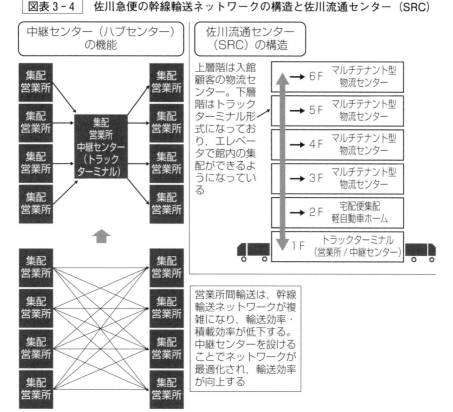

図表 3-4　佐川急便の幹線輸送ネットワークの構造と佐川流通センター（SRC）

中継センター（ハブセンター）の機能

佐川流通センター（SRC）の構造

上層階は入館顧客の物流センター。下層階はトラックターミナル形式になっており，エレベータで館内の集配ができるようになっている

6 F	マルチテナント型物流センター
5 F	マルチテナント型物流センター
4 F	マルチテナント型物流センター
3 F	マルチテナント型物流センター
2 F	宅配便集配軽自動車ホーム
1 F	トラックターミナル（営業所 / 中継センター）

営業所間輸送は，幹線輸送ネットワークが複雑になり，輸送効率・積載効率が低下する。中継センターを設けることでネットワークが最適化され，輸送効率が向上する

集配営業所　集配営業所　集配営業所　集配営業所
集配営業所　中継センター（トラックターミナル）　集配営業所　集配営業所　集配営業所　集配営業所

（出所）　筆者作成。

ています。そして「デリバリープロバイダー」とよばれる主として軽自動車による貨物運送事業者を活用して自社配送網を拡大し，その機動力の高さで大手宅配輸送業者を圧倒する動きを見せています。

　現在，物流センターの立地する大都市圏において，午前中に発送された荷物を夕方までに配達する「当日配送」が実現しています。さらに，個人向け通販サイト LOHACO を運営するアスクルでは，東京23区，大阪14区内において1時間刻みで配達時間指定ができる究極の宅配システムがスタートしています。

　未来のラストマイルの輸送においては自動化・無人化が進み，「ドローン」や「自動配達車」などが登場して，さらに進化していくことが考えられます。

図表3-5 ヤマト運輸の幹線輸送ネットワークの構造

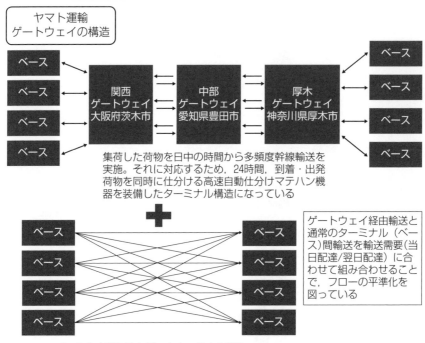

（出所）　ヤマト運輸ウェブサイト「GATEWAY」をもとに筆者作成。

図表3-6 マルチテナント型物流センターへの集約の効果

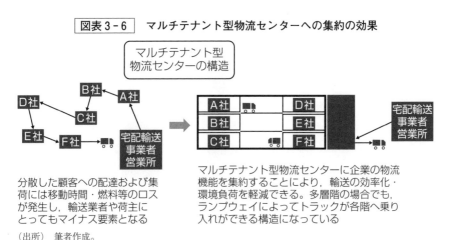

（出所）　筆者作成。

図表 3 - 7　大手 NET 通販業者の輸送ネットワークの変化

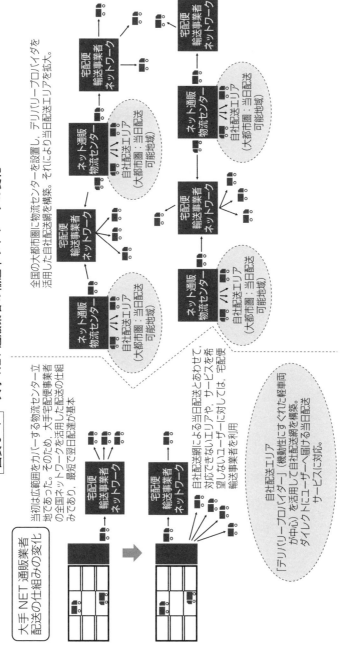

（出所）　筆者作成。

そうした輸送形態はまだまだ先の話ですが，これまで進んできたトラック輸送産業の高速化や利便性の追求は，時として私たち人間にとってはマイナスに作用することがあります。つづいて，トラック輸送や宅配便が抱える課題を取り上げ，その解決への糸口を探ってみようと思います。

3　トラック輸送と宅配便の課題と未来

（1）　人手不足と過酷な労働環境

　数年前，「宅配クライシス」や「物流クライシス」というコトバが話題になりました。「クライシス」とは危機，とりわけ経済上の危機を意味しますが，国民のライフラインともいうべきトラック輸送業界において，今，重大な局面を迎えています。過酷な労働環境と深刻な人手不足。この2つのマイナス要素が負のスパイラルを招き，国内のトラック輸送そのものが機能しなくなる，そのような状況にまで悪化しつつあります。

　一般貨物とりわけ長距離の大型・中型貨物は「なり手」が減って人手不足になり，宅配便は労働需要が増えたことで人手不足に陥ったということです。人の手による業務の割合が大きい労働集約型産業においては致命的になります。それぞれ具体的に説明してみましょう。

　トラック輸送市場は大幅な規制緩和によって急速に拡大しました。参入業者の急増による激しい競争によって運賃が低下し，道路貨物運送業は，年間所得額の全産業平均に比べて1〜2割も低い水準となっています。集荷から配達まで一貫して作業を行う貸切トラック，これには長距離を走る幹線輸送トラックも含まれますが，昼夜逆転の生活に加えて，荷役待機を含めた長時間拘束，数百ケースにも及ぶ大量荷物の手積み・手下ろし，ひとたび仕事に出ると3日に一度しか自宅に帰れない劣悪な労働環境。こうした事情が主な原因で，トラックドライバーのなり手は減りました。有効求人倍率も全産業を大きく上回り，平均年齢は45歳前後と高齢化が進んでいます。

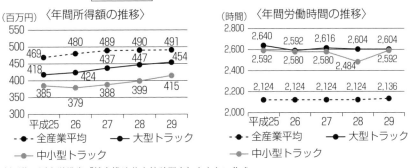

図表3-8　トラックドライバーの労働環境

（出所）　厚生労働省『賃金構造基本統計調査』をもとに作成。

（2）　宅配便が抱える問題：物量の急激な増加

　宅配便輸送の場合は少し事情が異なります。2016〜2017年にかけて，宅配便最大手ヤマト運輸の「サービス残業問題」，「宅配総量抑制」，「宅配便値上げ」という一連のニュースが，「宅配クライシス」として話題となりました。宅配便の現場が悲鳴を上げたのです。

　年間の宅配便取扱個数は，2000年をこえたあたりから急激に増加傾向にあります。この2000年はみなさんもご存じの amazon.co.jp がオープンした年です。Amazon をはじめとするネット通販による宅配便の急増が，宅配便輸送業者の労働環境を大きく変えてしまいました。

　そもそも，宅配便のネットワークはスケールフリーネットワークとよばれる形態をとります。ランダムネットワークと比較してノード間を結ぶリンク（経路）が最適化されていますが，ひとたび物量が急増すると営業所やトラックターミナルなどの中継点（ハブ）でアクセスが集中してしまい，ネットワークそのものがまひします。お中元やお歳暮をはじめとする宅配便繁忙期には，処理しきれない荷物がノードに長時間滞留し，配達遅延が発生することがしばしばあります（**図表3-9**）。

　宅配便は，受取人と荷物の受け渡しが行われて配達が完了します。しかし，不在の場合は不在票などを投函して荷物を持ち戻り，再度，配達に訪問しなければなりません。この「再配達」が心身ともにドライバーの大きな負担となり

図表3-9 スケールフリーネットワークとランダムネットワーク

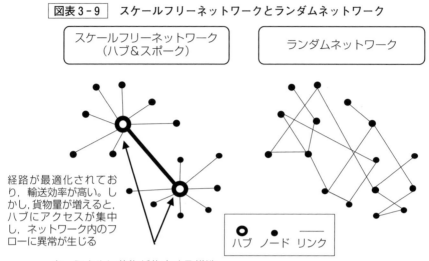

スケールフリーネットワーク
（ハブ＆スポーク）

ランダムネットワーク

経路が最適化されており，輸送効率が高い。しかし，貨物量が増えると，ハブにアクセスが集中し，ネットワーク内のフローに異常が生じる

○ ● ──
ハブ ノード リンク

ターミナルに荷物が集中する構造

（出所）　筆者作成。

ました。この再配達はご承知のとおり無料のサービスです。しかし，ドライバーの仕事量や燃料代はその分増えてしまいます。再配達は宅配便の荷物全体の約20％，必要とされる労働力は年間9万人，人件費は2,600億円，CO_2排出量は42万トンにもなります。ただでさえ再配達をはじめとする煩雑なサービスで業務は多忙を極め，さらに取扱い数量が急増するとなると，たちまち現場はパンクしてしまいます。このままでは高度な宅配便サービスを維持するどころか，配達ができなくなってインフラそのものが破綻してしまうのです。

　大手宅配輸送業者は，自社のアセットで対応しきれない幹線輸送業務や集荷・宅配業務をアウトソーシングして物量増加に対応しています。また，値上げを断行し設備を増強して，サービスの品質維持に努めています。しかしながら，根本的な問題，すなわちドライバー不足や再配達問題については，社会全体で取り組むべき課題でもあると考えられます。

（3）　輸送効率と生産性向上への取り組み

　現在のトラック輸送が抱える問題，つまり労働問題と環境問題は，トラック輸送が未来に向けて持続していくことを困難にしています。まだ道半ばではあ

るものの，解決への取り組みはすでに始まっていますので，キーワードでまとめて紹介してみましょう。

　まずは「多様化」への取り組みです。モーダルシフトは，トラック輸送を鉄道や船舶など，とくに長距離輸送において他の輸送モードに替えるという取り組みです。本来は環境にやさしい輸送モードへの転換という意味合いが強かったのですが，ドライバーへの負荷軽減や人手不足に対応する目論見でも進められています。

　最近では，短距離輸送とりわけ宅配便輸送においても「貨客混載」という取り組みが進められています。これは，路線バスやタクシー，地下鉄や路面電車などを宅配便の輸送に活用するもので，都市内部におけるトラック輸送の代用や，過疎地への輸送などに，公共交通機関の余剰スペースを活用して効率化を図るものです。多様化した輸送モードを活用する動きによってドローンや自動配達車などが登場すると，さらに輸送環境は変化していくでしょう。

　次に「共同化」への取り組みです。最近の事例では，九州地区において味の素・カゴメなど食品メーカー6社による共同配送や，JPR・キューピー・サンスター3社で船舶・トラック輸送を組み合わせた九州〜阪神間の共同配送が始まりました。共同配送は交通渋滞や大気汚染の緩和，流通経費の節減，ドライバー不足対策など，輸送生産性向上の効果があります。

　また，宅配便輸送の共同配送として，ヤマト運輸の「Next Delivery SQUARE」や，佐川急便の大型商業施設内での館内配送サービスがあります。多数の配送業者の荷物を一軒分まとめて一括配送するため，配達効率の向上，域内のトラック台数が減らせることで環境にも優しい仕組みとなります。

　「分業化」への取り組みは，中継輸送，フィールドキャストなどがあげられます。中継輸送は，長距離輸送をリレー形式でつないでいくものです。これには，ドライバー乗り換え方式，トレーラー差し替え方式，スワップボディを活用したシャーシ差し替え方式などがあります。メリットは，運転距離が短縮されてドライバーが日帰りで運行完了できるようになり，長時間労働が緩和される点です。

　スワップボディは，積み込み・積み下ろし作業時には荷台を取り外し，ドライバーとは別の作業員が行います。女性や高齢者ドライバーにも荷積み等の負

荷が少なくてすむ仕組みです。中継輸送は大手企業だけではなく，国土交通省が主体となって中小企業間でも実証実験モデル事業が始められています。これにダブル連結トラックや，トラック隊列走行の実用化が融合すれば，さらなる輸送効率化とトラックドライバー不足問題の克服が期待できます。

（4） ラストマイル問題解決への糸口

　宅配便のラストマイルにおいて，配達は基本的にドライバーが行います。昨今の取扱い物量の増加への対応，また在宅時間帯に集中して配達を完了させる目的で，ヤマト運輸ではフィールドキャストとよばれるパート従業員を活用しています。ドライバーと3〜4名のフィールドキャストとのチーム集配をすることでドライバーの負荷を軽減させ，在宅時間帯に集中配達することで再配達を抑制する効果があります。

　Amazonは，個人の運送事業者に配達を委託するアマゾンフレックスを2019年から日本でも始めています。事業者にとっては空き時間を活用して仕事を請け負うことができることから，ラストマイル配送網確保の新たな形態として注目されています。皆さんもご存知のドローンや開発が進む自動配達車などのテクノロジーが実用化すれば「ラストマイル」の様相も変化していくと考えられますが，日本において実現するのはまだ先のようです。

　宅配便のラストマイルは通常，受取人に荷物を渡しサインやハンコを受領書に押してもらって完了します。つまりドライバーと受取人がその場に居合わせなければ配達完了をすることができません。この「同時性」という時空のタイミングがズレるときに再配達が発生し，これが全宅配荷物の約2割に達して大きな問題となっているのです。

　この課題を解決するためのキーワード，それは宅配の「セルフサービス化」です。官民での再配達ゼロに向けた取り組みには，アプリ電話，自宅宅配ボックス，公共宅配ボックス，オムニチャネル活用によるリアル店舗やコンビニなどでの受け取り，宅配便営業所受け取りなどがあげられます。これらはすべて受取人からアクションを起こすもので，手間や手数料がかかるなどのデメリットがあります。しかしながら，私たちがトラック輸送や宅配便の現状に関心をもち，私たちの側からも「歩み寄って行く」姿勢をもつことで，未来へ向けて

高品質なトラック輸送や宅配便が持続可能となるのです。

〈参考文献〉

森隆行（2007）『現代物流の基礎』同文舘出版。

日本物流団体連合会（2018）『数字で見る物流 2018年度版』日本物流団体連合会。

林克彦・根本敏則編著（2015）『ネット通販時代の宅配便』成山堂書店。

斎藤実（2016）『物流ビジネス最前線―ネット通販，宅配便，ラストマイルの攻防』光文社
　　新書。

角井亮一（2017）『物流大激突―アマゾンに挑む宅配ネット通販』SB 新書。

小倉昌男（1999）『経営学』日経 BP 社。

首藤若菜（2018）『物流危機は終わらない―暮らしを支える労働のゆくえ』岩波新書。

日本経済新聞社編（2017）『宅配クライシス』日本経済新聞出版社。

松岡真宏・山手剛人（2017）『宅配がなくなる日―同時性解消の社会論』日本経済新聞出版社。

日本経済新聞出版社編（2018）『日経 MOOK　物流革命』日本経済新聞出版社。

公益社団法人全日本トラック協会（2018）「日本のトラック輸送産業 現状と課題2019」(http://
　　www.jta.or.jp/coho/yuso_genjyo/yuso_genjo2019.pdf)（最終閲覧日2019年 7 月14日）。

練習問題

(1)　トラックによる貸切輸送，特別積み合わせ輸送（宅配），積み合わせ輸送の仕
　　組みを説明してみよう。

(2)　宅配便の輸送パターンを，経路別に整理して説明してみよう。

(3)　現在のトラック輸送や宅配便が抱える問題とその解決方法を考えてみよう。

第4章

物流倉庫

キーワード 在庫管理　物流ネットワーク　ハブ＆スポーク
拠点集約　物流コスト　倉庫内作業　流通加工
作業生産性

●本章の学びの目的

　物流倉庫とは，市場が求める需要と供給を調整するために必要な在庫を保管するものです。従来の在庫の考え方は，在庫が棚卸資産として計上されることから，多くの在庫をもつことに何ら問題はありませんでした。

　しかし近年では企業において，キャッシュフローの考え方が導入され，在庫，すなわち棚卸資産が多いと，その分の資金調達が必要となり，またその金利，保管場所等，コストが増加するため，キャッシュフローを悪化させる要因となりました。そのために，需要と供給をうまく調整する在庫管理手法が導入されています。

　これにより，必要な時に在庫がないといった販売機会の損失の回避や，市場が必要としなくなった過剰在庫をなくす取り組みが行われています。すなわち在庫を管理することは，必要な時に，必要なものを，必要な量だけ，必要な場所に届けるという，ロジスティクスの概念そのものと言えます。

　ただし，在庫管理手法を導入したからと言って，在庫を保管する物流倉庫の場所はどこでもよいわけではありません。物流倉庫の立地によって，企業の物流コストのほとんどを決定付けることになるからです。一般的に企業の物流コストの内訳は，輸配送で約6割，倉庫で約3割，その他管理費等で約1割となります。

　すなわち物流倉庫の立地によって物流ネットワークの核が構築され，輸配送の距離が確定し，それが輸配送コストとなるためです。一般的に物流倉庫の立地は，市場に近い方が望ましいと言われています。たとえば工場から送られる

製品はトラック満載が多く，小売り等の店舗へ配送する場合は小口になる可能性が高いからです。もちろん，業種，業態によっては生産に近い方が望ましいというパターンもあるでしょう。

　そのため本章では，まず物流倉庫の機能や倉庫業法による区分を理解し，物流コストの決定要因となる物流ネットワークの考え方を整理します。次いで物流倉庫のタイプや運用等を学びます。この順番は，実際に物流倉庫を立ち上げる流れと一緒にしています。どこに配置するのか，どのような運用方法を検討すべきか，どのくらいの規模が必要なのか等となります。つい倉庫の規模から求めがちですが，倉庫内の運用方法によって，作業方法や保管方法が大きく変わるからです。

　また，近年，少子高齢化社会によるドライバー不足が社会問題となっていますが，その現象は倉庫業にも大きく影響しています。そこで，共同保管や無人化，省人化に取り組む倉庫の動向も探ります。

1　物流倉庫とは

（1）　物流倉庫の機能

　私たちの生活で，目に見えるもののほとんどが倉庫を経由していることを認識する必要があります。では，なぜ倉庫が必要なのでしょうか。私たちが欲しいと思った商品がもし店頭になかったら，別の店に買いに行くことになるでしょう。最初に行った店にとっては，本来売れるべき商品が欠品していたため，販売機会の損失につながります。この欠品が続けば，あの店はいつも商品がないということで，客足が途絶える可能性もあるでしょう。そのため顧客が必要とする前に，店頭へ商品を補充する必要があり，その補充元が一般的に物流倉庫となります。倉庫では製品や商品が保管されており，注文に応じて出荷することになります。出荷ばかりでは倉庫に在庫がなくなるため，適宜，入荷されており，生産や調達と，販売といった需給を調整する機能をもちます。

　一般的に倉庫に保管してある製品や商品を在庫とよびますが，近年，在庫は悪という考えが出てきました。在庫は貸借対照表上，棚卸資産に仕分けされま

すので，在庫が多い，すなわち資産が多いと，キャッシュフローを悪化させる要因につながります。また製品や商品を調達するための費用も必要ですし，その金利負担，保管面積の増加等，物流コストの増加につながります。また在庫が少ないと，先述したように欠品になってしまうかもしれません。そのため，実際の需要に合わせて生産や調達を行うことで，適正な在庫量を維持することが求められます。その在庫を保管するのが物流倉庫の大きな役割です。

（2）　倉庫業法による区分

　物流倉庫は一般倉庫，営業倉庫に大別されます。一般倉庫は，工場の中にある倉庫といった，荷主企業が自社で設けるものとなります。営業倉庫は，保管サービスを提供する倉庫業が営むもので，国土交通大臣の登録を受けなければなりません。営業倉庫は10種類と倉庫業法で規定されており，保管する貨物の形状や特性によって区分されます（**図表4-1**）。

　私たちの生活に必要な物資は，一般的な倉庫である1～3類倉庫で保管されています。1～3類倉庫は，火災が発生した際に延焼を防ぐため，避難や消火活動の安全性を確保するため，建築基準法によって防火区画が規定されています。この区画は倉庫の面積により，1,000平方メートルもしくは1,500平方メートルごとに区分する必要があり，スプリンクラーを設置した場合は，その倍の面積を区分することになります。わが国ではスプリンクラーは義務付けられていませんが，諸外国では義務付けられている場合もあります。

　主要な営業倉庫の事業者数とその面積は，国交省によると，平成29年度時点で，1～3類倉庫が4,758社，倉庫面積が約5,000万平方メートル，冷蔵倉庫が1,174社，約3,000万平方メートルとなっており，近年は増減率が横ばい傾向となっています。

　また，営業倉庫の経営指標の1つに在庫回転率があげられます。一定期間に入荷もしくは出荷した量や金額を，ある時点の在庫で割り戻したもので，その回転率が高いほど，よく売れていることとなります。1～3類倉庫は平成29年度で6.01，冷蔵倉庫で6.74となっています。この回転率の逆数が，あと何日，入荷しなくても出荷できるかといった在庫月数や在庫日数となり，在庫管理において，重視される指標ともなっています。

図表4-1 営業倉庫の種類

営業倉庫の種類	内　容
1～3類倉庫	・建屋型の倉庫で，設備・構造基準により1類，2類，3類に分類 ・農業，鉱業，製造業で取り扱う貨物を保管する倉庫
野積倉庫	・鉱物，木材，自動車などのうち，雨風にさらされてもよいものを保管する倉庫 ・形状は柵や塀で囲まれた区画
水面倉庫	・原木等を水面にて保管
貯蔵槽倉庫	・袋や容器に入っていない小麦，大麦，トウモロコシなどのバラ状の貨物，糖蜜などの液状貨物を保管する倉庫（サイロやタンク等）
危険品倉庫	・消防法が指定する危険物や高圧ガス等を保管する倉庫
冷蔵倉庫	・食肉，水産物，冷凍食品等，10℃以下で保管することが適切な貨物を保管する倉庫
トランクルーム	・財，美術骨董品，ピアノ，書籍など個人の財産を保管する倉庫
特別の倉庫	・災害の救助その他公共の福祉を維持するため物品を保管する倉庫

（出所）　一般財団法人日本倉庫協会ホームページ，「倉庫業法施行規則」より作成

2　物流倉庫を核とした物流ネットワーク

（1）　物流ネットワークの考え方

　物流ネットワークは結節点（ノードもしくはハブ）と経路（リンクもしくはスポーク）で構成され，経路は輸配送を，結節点は物流倉庫を意味します。では物流倉庫の場所はどこが望ましいのでしょうか。たとえば自社の近くにあった方がよいのか，それとも需要地にあった方がよいのでしょうか。

　まず，倉庫の場所によって，調達先や販売先までの輸送経路の距離で輸配送の費用が決まります。物流コストの内訳は，輸配送が6割，倉庫が3割となっ

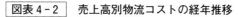

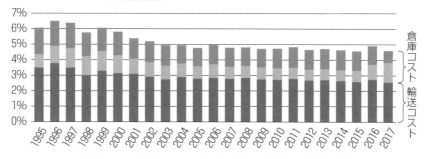

図表4-2　売上高別物流コストの経年推移

■ 輸送費　■ 保管費　■ その他（包装費，荷役費，物流管理費）

（出所）　日本ロジスティクスシステム協会『2018年度物流コスト調査報告書』2019年より作成。

ています（**図表4-2**）。倉庫の場所によって，輸配送のコストが異なることから，およその物流コストが立地で決定することを認識する必要があります。

　たとえば製造業の場合，工場はあくまでも生産施設としての位置づけとなっているため，倉庫は工場外となる傾向があります，その場合，できるだけ工場に隣接するよう配置されます。卸売業の場合，最終納品先がコンビニエンスストアだとすると，その配送拠点を複数カバーする場所に配置される傾向が高くなります。コンビニエンスストアの配送拠点では，通常，400店舗をカバーできる場所に配置されます。

　また，日本全国に取引先がある場合，調達先や販売先の立地と輸配送回数を考慮して最適な立地を計算してみると，最需要地に引っ張られ，東京23区内となる場合もあります。ただし23区内周辺は地価も高く，倉庫を配置する場所としては現実的ではありません。

　そのため倉庫の立地を考えるときは，周りの環境が重要となります。高速道路や幹線道路とのアクセスはよいかだけでなく，とくに倉庫はトラックの出入りが多いため，周りに小学校といった教育施設はないか，住宅街から外れているかといった検討も必要となってきます。

（2）　物流倉庫の数とタイプ

　倉庫業では倉庫の種類が決められていましたが，ここでは運用方法の区分を

考えます。一般的に倉庫は，在庫型倉庫と通過型倉庫に大別されます。在庫型倉庫はその名のとおり，倉庫に製品や商品を保管，すなわち在庫するもので，後者は，倉庫に在庫しないものとなります。

　倉庫は在庫するだけが機能ではありません。さまざまな調達先からの貨物を倉庫でいったん集約して，販売先へまとめて送る機能も求められます。たとえば納品先が小売店の場合，集約機能がないと，各メーカーが配送することになるため，小売店の周りはトラックだらけになることが予想されます。いったん倉庫に調達先からの貨物を集め，配送先へ一括して届けるものが通過型の倉庫となります。

　これらの区分は，今日，倉庫に入荷した製品や商品が，今日出荷する場合は通過型となり，明日以降出荷する場合はいったん在庫することになるため在庫型となり，倉庫での滞在期間によって切り分けられます。

　もちろん，在庫型，通過型をミックスした併用型の倉庫も存在します。たとえば，売れ筋商品や定番商品は欠品を回避するため在庫型とし，年に数回しか売れないような商品や特注品は通過型にして，注文があった際に調達して配送する場合もあります。

（3）　倉庫の集約と分散

　倉庫の運用区分を在庫型，通過型と分けるだけでなく，倉庫をいくつ，どこに配置するのかといった検討も行う必要があります。それらを決定づける要因は，注文を受けてから納品までのリードタイム，すなわち輸配送のサービスレベルとなります。競合他社との差別化の1つとして，このサービスレベルが重要視されます。たとえば，今日受注し，1週間後に納品する企業，それとも明日納品できる企業，どちらを選択するのかは明らかです。

　近年，在庫である棚卸資産を抑制する取り組みが行われているのは先述したとおりです。仮に1週間後に納品される場合，納品先は欠品を回避するために，最低でも1週間分の在庫をもつ必要があります。1日に平均100個売れる商品，単価が1万円だとすると，1週間で700万円の在庫金額を負担しなければならず，金利負担，保管場所の確保等，負担は増える一方です。逆に明日納品できる場合は100万円と，リードタイムは在庫金額にも大きく影響します。そのた

めリードタイムは取引条件の重要な 1 つとして位置づけられています。

　リードタイムを差別化戦略として重視した場合，一体いくつの倉庫が必要になるのでしょうか。倉庫を増やしていくと，欠品を防ぐための安全在庫の増加につながりますし，各倉庫には責任者や事務員，設備等，さまざまなコストが重複することになります。一般的に，受注した当日に出荷作業を行い，翌日納品することは，一部地域や離島を除くと，日本全国でカバーできている状況となっています。

　そのため近年，製造業は倉庫を集約し，倉庫を 1 カ所で，日本全国をカバーする傾向にあります。ただし，わが国は地震大国ということもあり，1 カ所の運用では災害が発生した際，出荷することができなくなると，事業の存続に大きな影響を与えます。そのため，BCP（事業継続計画：Business Continuity Plan）の観点から 2 カ所で運用すべきではないかとの議論もありましたが，いつ来るかわからない災害のために，さらなる倉庫コストを負担するわけにはいかず，集約の流れは止まる気配がありません。

　倉庫の集約は，倉庫の大規模化につながりますが，集約する企業のすべてがアクセスの良い用地を確保することは困難です。そのため，複数の企業が利用できる大規模倉庫が求められています。従来，荷主もしくは物流企業が倉庫を準備してきましたが，近年，外資系ディベロッパーの登場を契機に，第 3 者が大型倉庫を準備し，複数の企業へ賃貸できる物流不動産も注目を集めています。

　卸，小売業は，リードタイムが差別化に大きく影響するため，複数個所の展開となっています。消費者向けの大手通信販売業では，当日の受注に対し，数時間で配達するサービスを打ち出している企業も存在します。また日常生活を安心して暮らすための社会インフラ，たとえば医療機器や，ATM 等を取り扱っている企業は，故障したら 2 時間以内に修理するという取引条件をもっているところもあります。そうなれば日本全国に部品を保管する倉庫が必要となり，全国で300カ所もの倉庫を構えている企業も実際に存在しています。

　すなわち，業種業態にかかわらず，納品までのリードタイムによって，倉庫の数と立地が決まることを認識しなければなりません。

3　物流倉庫内の管理と運用

（1）　倉庫内作業フロー

　倉庫のタイプや配置が決まったら，次に取り組むのは作業フローの構築です。

　実際に，倉庫の作業を構築するには，入荷，出荷の荷姿も考慮する必要があります。その荷姿は主に，パレット単位，ケース単位，ピース単位の３種類に区分されます。一般的なコンビニの場合，飲料はケースで納品されますが，お酒やボールペンは１本ずつというピースとなっており，コンビニのバックヤードを狭くするための取り組みとなります。そのため，パレットやケース，ピースの出荷においては，作業方法を切り分けて考えなければなりません。これはアパレルでも同様です。小売店の倉庫へ輸配送する場合はケースかもしれませんが，店頭へはケースやピース，消費者向けの通販はピースとなります。荷姿によって，作業方法は異なります。

　倉庫内の作業の流れは，**図表4-3**のように，調達先から入荷したら，それが注文どおりの商品か，数量はあっているかという入庫検品を行います。問題なければ，商品を格納・保管する，これが入荷作業の一連の流れとなります。

　出荷作業は，受注に応じて指定された場所から商品を取り出すというピッキング，受注どおりにピッキングできたかの出荷検品を行います。納品書等の帳

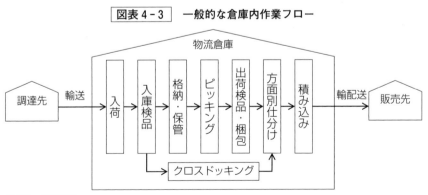

図表4-3　一般的な倉庫内作業フロー

（出所）　筆者作成。

票類を出力，それらをまとめて梱包し，宛先の送り状を箱に貼付し，行き先別に区分された場所へ仮置き，トラックへの積み込みを待つまでが出荷作業となります。

　また在庫を極力少なくするために，倉庫に入荷後，保管せずに出荷する通過型の倉庫と，在庫型倉庫の併用を先述しました。通過型の併用の場合，通常，クロスドッキングという名称が使われます。

　近年，労働者不足が社会問題となっています。そのため店頭での従業員の負荷を軽減する取り組みの1つに，倉庫内の流通加工があげられます。アパレルの大型店舗に行った際，洋服はハンガーにかけられており，購入するときには値段を確認するための値札が付いています。これらは倉庫で事前に取り付けることもあり，それらを流通加工とよびます。また輸入品の場合は，日本語の取扱説明書を入れる等，そのサービスは多岐にわたります。倉庫での付加価値を高め，さらなる収入確保のための差別化としての取り組みとなります。

　また通信販売の市場が増加する中，倉庫では返品の問題が発生しています。通販で商品を購入した場合，段ボールで送られてくるのが一般的です。開くと化粧箱がつぶれていたらどう感じるでしょうか。店頭在庫も同様です。中身に影響はなくても，クレームにつながるため，店頭からの返品となることも多いのです。そのため倉庫では返品された商品で中身に問題がない場合，化粧箱を交換するサービスを行っているところもあります。

（2）　ロケーション管理

　私たちの日常生活において必要な商品は，当然ながら小売店頭で購入しますが，食品の場合，賞味期限をしっかり確認してから購入することは少ないのではないでしょうか。もちろん，牛乳だと賞味期限の新しい方を購入するかもしれません。ではお菓子はどうでしょうか。流通業界では3分の1ルールが存在します。たとえば製造日から賞味期限まで3カ月間あった場合，賞味期限の切れる2カ月前までしか，小売業の倉庫へ納品できないという考えです。

　そのため倉庫では，商品だけでなく賞味期限別に管理する必要があります。100種類のお菓子を取り扱っていたとしても，賞味期限が3つあれば，300種類の商品として管理しなければなりません。また同じ商品でも箱の中身の入り数

が違うと別管理となります。さらに倉庫には先入先出（FIFO: First- In, First-Out）というルールがあります。同じ商品でも入荷日が違う場合，出荷時には先に入荷した商品から出荷するという，倉庫運用の最低限のルールです。

　このような考えがSKU（Stock Keeping Unit）であり，倉庫ではSKU単位で管理する必要があるということです。SKUが複雑なものとして代表的なものが，医薬品や医療機器となります。製品名だけでなく，製造ロット番号や使用期限，滅菌期限，さらに入荷日で管理する必要があります。

　保管するSKU数が多くなるほど，どこに何があるのかをしっかり把握しなければなりません。そのため，保管場所に番地を設定するというロケーション管理が必要となります。たとえば郵便は，宛名ではなく，郵便番号と住所で場所を特定しています。倉庫内も同様に住所を細かく設定しなければなりません。

　では倉庫内のロケーションはどのような番号で体系づけられているのでしょうか。住所はまず都道府県があり，そこでおよその場所が特定されます。倉庫も同じように，およその場所から始まり，どの列にあるか，入口から何番目の棚にあるか，棚の段数，棚の間口と，倉庫の大小にかかわらず，細かな設定をしなければなりません。一般的にパレット単位で保管する場合は8桁，小物の保管に適する棚の場合は10桁の数字が必要となります。この体系がわかりやすいほど，そして細かいほど，作業ミスも少なく，作業スピードも向上することになります。

　またロケーション管理には，その間口を特定の商品しか保管できない，すなわち固定的に使用するのか，空になったら別の商品を保管してもよいのかといった異なる運用方法があり，前者を固定ロケーション，後者をフリーロケーションとよびます。固定にする場合，その間口に保管できるアイテムと量は決まっていますので，出荷頻度の高いアイテムを出荷エリアの近くに配置することができ，出荷作業のスピードに大きく貢献します。

　フリーロケーションはどこにでも置いてよいので，保管効率が向上すると言われています。ただし出荷頻度の高い商品が出荷エリアに保管できるかどうかは，間口の空き次第となるため，注意が必要です。

（3）　ピッキング方法

　ピッキング作業においては，2つの方式が存在します。1つは納品先のオーダーどおりにピッキングするもの，もう1つは商品に着目して，出荷対象となる商品をまとめてピッキングし，その後，納品先別に仕分けるものです。前者はその名のとおり，オーダーピッキング，後者は今日出荷する商品ごとにまとめてピッキングするため，トータルピッキングとよばれます。

　オーダーピッキングは，オーダーごとにピッキングを行うことから，ピッキングが完了後，すぐに出荷検品を行うことができます。しかしピッキング対象となる商品は，倉庫のさまざまな場所に保管されていることから，歩行距離が長くなる傾向にあります。

　逆にトータルピッキングでは，商品ごとにまとめてピッキングするため歩行距離は短くなる傾向にあります。ただし，納品先別に仕分けが必要になることから，その分のエリアを設けることになります。とくにピースの仕分けは間違いが発生した場合，仕分けしたすべての納品先から探し出さなければならないため，かなりの手間を要します。

　そのためトータルピッキングは，パレットやケース出荷を対象とする傾向が高く，ピッキングリストと出荷伝票を事前に出力し，ピッキングするケースに直接，出荷伝票を添付していく方法も有効です。ピース出荷は仕分けの点から，オーダーピッキングを採用する倉庫が多い傾向にあります。

（4）　ダブル・トランザクション方式

　パレット，ケース，ピースの3つの単位で出荷する倉庫の運用方法は，作業フローどおりではうまくいきません。パレットやケースのピッキングは基本的に荷役機器であるフォークリフトを使用しますし，ケースやピースは作業員が台車でピッキングします。フォークリフトと台車を押す作業員が同じ通路を利用すると，歩道のない車道と同じで，事故の危険性があり，安全性が確保できません。またパレットが保管してあるパレットラックは，3段，4段積みと，高さが5メートルほどになり，作業員の手が届きません。そのため，作業員がどの荷役機器で作業を行うかによって，エリアを区分する必要があります。た

とえばパレットやケースは，保管エリアから直接ピッキングを行い，ピースはピース用のピッキングエリアを設定し，そこからピッキング作業を集中して行います。

このように，1つの倉庫の中で，ピッキングエリアと保管エリアであるストックエリア，機能別に倉庫を分ける運用方法があります。ピッキングエリアではピッキング作業のスピード向上を，ストックエリアでは保管効率の向上を目指します。もちろん，ピッキングエリアの在庫が少なくなると，パレットラックからケース単位で補充する必要があります。補充回数を少なくすると，ピッキングエリアの在庫は増え，それに伴い面積も増加します。そうなるとピッキング作業者の歩行距離も伸び，作業の生産性が低下します。逆も然りです。そのため，ピッキングエリアの最小化と，補充回数の最小化，両方から検討しなければなりません。

このような運用方法を，2回の作業を行うことからダブル・トランザクション方式とよびます。エリア名称の頭を取ってストック＆ピック方式等，名称はいくつかありますが，同義語と考えてください。

多層階の倉庫では，1階をピッキングエリア，2階以上をストックエリアとすることもありますし，平屋の場合は，出荷エリアに近い場所をピッキングエリアとすることもよく見られる傾向です。なお先述したロケーション管理として，ピッキングエリアを出荷頻度に合わせた固定ロケーション，ストックエリアの保管効率を高めるためにフリーロケーションとして，併用する倉庫もあります。

（5） 倉庫管理システム

倉庫の運用においては，作業スピードを向上させることで人件費といったコストの削減，納品先へ注文以外の商品を届けてしまうといった誤出荷をなくすための精度の向上が求められます。これらはトレードオフの関係であるため，情報システムによる作業支援が必要となります。それが倉庫管理システム（以下，WMS: Warehouse Management System）です。WMS は倉庫に単体で置かれることもありますが，一般的に上位のシステム，たとえば荷主企業の基幹情報システム（ERP: Enterprise Resources Planning）や販売管理システムとつな

ぐことにより，さまざまな作業の支援を行うことができるようになります。

　入荷作業の検品時，伝票と現物である商品名や数量の確認は，入荷量によって作業時間も連動します。できるだけ短時間で検品作業を行うには，商品のバーコードをスキャナーで読み取ることで，商品名，数量を突合するという方法もあります。小売店のレジと同じ仕組みと考えてください。仮にこのシステムがない場合，伝票にある商品名，商品番号，入数，数量等と伝票の目視による突合と，作業が膨大になり，ミスも多くなる可能性があります。

　保管する場合は，ロケーション番号をバーコード化することにより，格納するロケーション番号のバーコードをスキャン，商品のバーコードをスキャン，数量入力，間口のロケーション番号をスキャンすることで，どの間口に何が保管してあるのかを WMS 上で管理することができ，上位システムへ在庫を計上することも可能です。

　出荷においては，まずピッキングリストが WMS から出力され，そこに表示されたバーコードをハンディターミナルでスキャンすると，ハンディターミナルと出荷データが連動します。ハンディターミナルに表示されたロケーション番号に沿って移動し，ロケーション番号のバーコードをスキャン，指示された商品を取り出し，そのバーコードをスキャン，数量を入力もしくは数量分スキャンすると，次のロケーション番号が表示され，次のピッキング作業に移ります。

　出荷検品では，ピッキングリストのバーコードをスキャン，商品バーコードを数量分スキャンで検品完了となり，納品書や出荷伝票といった帳票類が出力され，梱包となります。この検品の流れと，ピッキングの流れは一緒です。そのためピッキングにハンディターミナルを利用している倉庫は，同時に検品を終わらせているので，後工程の検品をなくしているところもあります。

　WMS は作業単体の支援にとどまりません。進捗管理も可能となります。ある工程が遅れていた場合，それを把握できれば，応援も可能になります。たとえばハンディターミナルを利用している倉庫だと，スキャンのたびに WMS に送信され，現在のピッキングの状況を把握することは簡単です。ハンディターミナルを利用していなくても，たとえばある 1 つのピッキングが終わると，ピッキングリストのバーコードをスキャンすることで，終了の確認を取ること

も可能です。

　これら進捗管理の蓄積は，１回の作業に要する平均的な時間を算出すること
もできますので，今日の入出荷量から，今日の作業に必要な人員数，作業終了
時間を予測することも可能となります。物流にかかわらず，どの業種において
も改善は必要です。改善するには現状を把握する必要があります。WMSに
よって作業ごとの平均的な時間や必要人数がわかりますので，時間や費用の大
きな作業を特定することで，改善活動にもつながります。その繰り返しを行う
ことで，当然ながら物流コストも低減され，他社との差別化にもつながること
から，WMSは倉庫にとって重要なツールといえるでしょう。

（6）　倉庫内レイアウト

　作業方法や運用方法は，レイアウトに大きく影響します。ピッキングにおい
て，トータルピッキングを採用する場合，別途，仕分けエリアが必要ですし，
ダブル・トランザクション方式をとる場合，ストックエリアとピッキングエリ
アの設定も必要です。使用する保管機器，荷役機器によって通路の幅も変わっ
てきます。どのような運用を行うのか，どのような作業フローにするのかに
よってレイアウトは変わるため，倉庫の設計において，レイアウトは最後に決
めるものになります。

　運用方法が決まると，次は間口計算です。在庫を保管するために，どのくら
いの間口が必要なのかを荷姿別に計算する必要があります。とくにダブル・ト
ランザクション方式を採用する場合，ストックエリアはパレット単位での保管
のためパレットラックに，ピッキングエリアはケースによる補充のため，本棚
のような中軽量棚として，その必要本数と通路を配置できる面積を算出します。

　また入荷検品エリア，出荷検品，梱包エリア，方面別仕分けエリアの面積も
算出しなければなりません。たとえば１オーダーに対し，出荷梱包時間が作業
員１人当たり平均３分，出荷梱包にかかる時間を５時間と仮定しましょう。１
日当たりの出荷梱包数を1,000件とすると，1,000件/日 × ３分/人・件 ÷60分 ＝
50人時となります。

　この人時とは，50人で作業を行えば１時間で，１人で行えば50時間かかると
いう，作業生産性のベースとなる単位です。さらに50人時に対し５時間で割り

戻すと，10人，すなわち10台の検品梱包作業台が必要となり，この作業台を配置する面積が，出荷検品梱包エリアとなります。

このように作業に合わせて作業生産性を把握し，1日に処理する物量と作業生産性による人時計算を行うと，すべての作業エリアが算出できることになりますし，作業に必要な人員数もおのずと把握できることになります。

最後にそれらを作業動線に合わせて配置します。入荷したらストックエリアへ，ストックエリアからピッキングエリアへの補充，ピッキングエリアから出荷検品・梱包エリアへ，そこから方面別仕分けエリアへ，その後積み込みエリアへと，作業が一連の流れになっているのと同様，レイアウトもその流れに沿って配置されます。

また倉庫は，土地の形状によってさまざまな形をしていますし，両側にトラックが着床するバースもあれば，片側にしかない倉庫もあります。トラックがたくさん着床できる倉庫が良い倉庫とは限らないことに注意が必要です。

トラックの1台当たりの積み下ろしと積み込み時間，出入りするトラック台数，トラックを受け入れる時間帯によって使用するバース数は決定することになります。先述した出荷検品梱包エリアと同じ計算方法です。

4　近年の動向

（1）　共同保管

アサヒビール株式会社とキリンビール株式会社は，2017年に石川県で共同配送センターを開設しています。商品では競合していますが，納品先がほとんど同じだということに着目し，1つの倉庫にお互いの商品を保管することで，配送も同じトラックに積み込むことができ，物流コストの低減を目指すための提携となります。また日本通運株式会社は，同様の着眼点から2021年までに，国内外の医薬品メーカーに対し，共同物流倉庫を設ける計画をもっています。

このような取り組みは，重複する納品先が多い業界で，お互いの商品を同じトラックに積み込むことで台数を少なくするという共同配送からスタートしました。ただ各社，物流倉庫をもっています。そのため倉庫を共同化するという，

共同保管も広がりつつあります。

　先述した倉庫のレイアウトでは，保管エリアや入出庫エリアで構成されていました。共同で倉庫に保管すると，個別で設けた倉庫を足した面積になることはありません。共同で利用できるエリア，たとえば入出荷エリアや通路等，多岐にわたりますし，空間を利用して高く商品を積むこともできるかもしれません。事務作業も重複していますので，その効果は高くなります。

　共同保管にあたっての問題点は，納品先マスタの整備，自社の商品や取引先の情報が他社に流れることの危惧があげられます。企業は数百から数千の取引先をもっています。お互いの納品先を合わせた統一の納品先マスタが必要になりますが，そう簡単には紐づきません。たとえば同じ社名でも，株式会社と（株），社名の前後に株式会社，株式会社と社名の間に空白が半角，全角，空白なしと，各社さまざまとなり，統一は困難です。

　住所も同様です。マスタの整備がしっかりしないと，共同で出荷することが不可能となります。共同保管に参画する企業すべてが，数百，数千の納品先をもっていた場合，統一の納品先マスタの整備には時間がかかります。

　また，ある荷主企業が共同保管の倉庫を運営する場合，商品マスタや納品先マスタを，参画する荷主企業は公開しなければなりません。これらの問題を解決するためには，荷主企業ではなく，物流企業が共同保管する倉庫を運営するという選択肢が有効となります。

　物流企業が主導して，商品は競合，物流は共同という流れは今後，加速していくこととなるでしょう。

（2）　省人化・自動化への取り組み

　先述したように，わが国は少子高齢化社会を迎え，高齢者の増加，15歳以上65歳未満の生産年齢人口が減少しており，さまざまな業種業界で労働力不足が叫ばれています。物流業界もその影響を受けており，労働者の確保が困難な状況となっています。そのため物流倉庫においても，できるだけ作業員の負荷を軽減させるための省人化，作業を機械に置き換える自動化の取り組みが増えています。これらの取り組みは，荷姿に大きく影響され，省人化，自動化がすべての倉庫に対して適用されるわけではありません。また，作業全体を置き換え

ることは困難であり，作業単体での導入が主流となっています。

　省人化・自動化を積極的に導入しているのは，荷主企業が倉庫を運営している場合が多い傾向にあります。倉庫の運営は荷主企業が自社で行う一般倉庫，物流企業に委託する営業倉庫と大別されますが，物流企業の場合，荷主からの受託期間がネックになります。未来永劫，契約を締結してくれるならば，積極的な投資は可能となるでしょう，近年では単年契約，長くても 3 〜 5 年です。その期間に投資を回収する必要があり，大規模な機械化は難しいこと，荷主の業績が悪化した場合，どのように資金を回収するか判断が難しいことがあげられます。そのため荷主企業が倉庫を運営する方が，回収期間を考慮する必要がなく，かつそれが当日の注文に対して数時間で出荷できるといったサービスの差別化につながるからです。

　また荷役機器の導入にあたっては，作業員の人時との比較も判断基準の 1 つとなります。大手通販企業は 1 つの倉庫で500名ほどの作業員を抱えていますし，同様の規模の倉庫を日本全国，十数カ所へ配置しています。これら膨大な作業員を機械化できるのであれば，採用担当者の負荷も軽減されますし，労務管理も同様となるでしょう。

　また省人化・機械化の取り組みは，倉庫の営業時間の延長を可能とします。たとえば24時間365日稼働の倉庫を考えると，作業員は 3 交代になりますし，週休 2 日を考慮しなければなりません。すなわち 8 時間稼働で 1 名の作業員が，24時間になると4.2人必要となります。これら作業員を雇用したくても労働力が集まらず，かといって賃金を上げると物流コストも増加するため，現実的ではありません。

　労働力の確保は，他業種，他業界の奪い合いになる可能性があります。省人化・機械化の流れはますます加速していくことでしょう。

〈参考文献〉

「倉庫業法」平成30年 5 月25日公布（平成30年法律第29号）改正。
「倉庫業法施行規則」平成30年 6 月29日公布（平成30年国土交通省令第54号）改正。
「建築基準法」平成30年 6 月27日公布（平成30年法律第67号）改正。
国土交通省（2019）「平成29年度倉庫事業経営状況調査」。

一般社団法人日本物流団体連合会（2019）『数字でみる物流 2018年度』。

国土交通省3PL 人材育成促進事業推進協議会（2004）『3PL 人材育成研修（概論研修）』。

日本経済新聞（2019年1月8日）「競合コンビニ，配送で協業―同業種，広がる共同物流，日通，医薬10社連合主導」。

アサヒビール株式会社ニュースリリース（2016年7月27日）「アサヒビール，キリンビール物流分野における協業拡大　金沢に共同配送センターを開設，鉄道コンテナ路線を共同利用〜モーダルシフトの推進で年間約2,700t の CO_2 を削減〜」。

練習問題

(1) 倉庫を配置するにあたっては，立地が重要になってきます。あなたが興味のある業種，業界の倉庫立地やタイプ，数はどのように構成されているのでしょうか。また，同じ業種業界で，複数の企業を比較してみてください。似た物流ネットワークとなっていれば，共同保管は可能となるでしょうか。

(2) 倉庫の作業フローを構築する順番と，倉庫で必要な作業時間を検討する順番は，作業フローで言うと，どっちから行った方が有効でしょうか。

第5章

日本の鉄道貨物輸送

| キーワード | トラックドライバー不足　社会的費用　モーダルシフト　線路使用料　インフラ（インフラストラクチャー）　新規参入 |

●本章の学びの目的

　わが国の貨物輸送はトラック中心の体制が確立しており，鉄道は補完的な機能を果たすのみとなっています。しかし一方で，トラックドライバー不足の顕在化や環境意識の高まりから，このようなトラックに過度に依存した物流システムについて，再考を求める議論が活発に交わされています。

　そのような議論の１つが，貨物輸送をトラックから鉄道や船舶に転換する，いわゆる「モーダルシフト」です。鉄道は安全性，安定性，高速・大量輸送，エネルギー効率，労働生産性，環境負荷等の観点において優位性の高い輸送機関といえます。しかしながら，鉄道の輸送分担率に大きな変化はなく，モーダルシフトが進展しているとは言い難い状況です。本章では，わが国の貨物鉄道会社について概観し，鉄道がモーダルシフトの受け皿と成りうるのか，そのためには，どのような施策が必要とされるのかについて述べます。

1　鉄道貨物輸送の沿革と現状

（1）　沿革：新橋〜横浜鉄道開業翌年から始まる

　わが国初の鉄道は新橋駅（後の汐留駅）と横浜駅（現在の桜木町駅）との間で1872年に開業しましたが，わが国初の鉄道貨物輸送は，翌年の1873年に，同じく新橋駅と横浜駅との間で開始されています。以後，鉄道網が全国に拡大するとともに，貨物輸送も全国に展開します。

　関東大震災等の自然災害や，第二次世界大戦等の戦争に影響を受けながらも，鉄道は陸上貨物輸送における独占的な地位を確保し続けます。『交通経済統計要覧』によれば，1950年度の国内貨物輸送トンキロ（輸送トン数に輸送距離を乗じた数値）において，鉄道は52.3％のシェアを誇っていました。一方，内航海運は39.4％，トラックは8.4％でした。

　しかし，道路整備の進展とともにトラックのシェアが拡大し，鉄道のシェアは縮小します。1970年度の国内貨物輸送トンキロにおいて，トラックのシェアは38.8％で1950年度の約4.6倍に拡大し，鉄道は18.0％で1950年度の約3分の1に縮小しています。その後もこの傾向は継続し，1985年度にトラックのシェアは47.4％となる一方，鉄道はわずか5.0％にまで縮小しています。

　道路整備の進展とともに，トラックのみならず自家用乗用車の保有台数も大幅に拡大したため，旅客輸送においても鉄道は独占的な地位を喪失します。全国的な鉄道網を有していた国鉄（日本国有鉄道）は経営が悪化し，1987年4月1日に，いわゆる分割・民営化が実施されることになります。これは，国鉄の旅客輸送部門を地域分割のうえ6つのJR旅客会社（JR北海道，JR東日本，JR東海，JR西日本，JR四国，JR九州）に，貨物輸送部門をJR貨物に，それぞれ継承するというものです。

　貨物輸送部門は全国的な鉄道網を維持したままJR貨物に継承されましたが，貨物列車の走る線路は，貨物列車のみ運転される一部の区間を除いてJR旅客会社が保有することになります。このため，JR貨物はJR旅客会社に線路使用料を支払って，それらが保有する線路を借りて貨物輸送を実施することになりました。

（2）　現状分析：変わらないシェア

　国鉄の分割・民営化によりJR貨物が発足した後も，貨物輸送における鉄道のシェアはほとんど変化していません。2015年度の国内貨物輸送トンキロにおいて，トラックのシェアは50.2％であるのに対して，鉄道は5.3％のシェアにとどまっています。

　ただし，陸上貨物輸送の距離帯別シェアを見ると，中長距離帯において鉄道は一定程度のシェアを確保しています。また近年，わずかながら鉄道の分担率

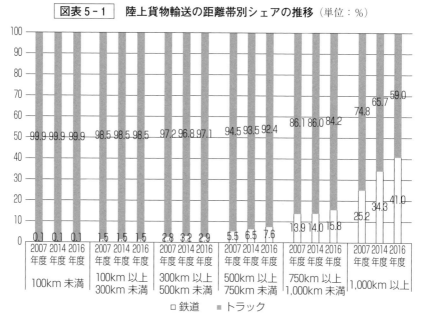

図表5-1 陸上貨物輸送の距離帯別シェアの推移（単位：%）

（出所）『数字でみる物流』各年度版より作成。

が拡大する傾向を示しています。

　図表5-1のとおり，鉄道はすべての距離帯においてトラックのシェアを下回っているものの，距離帯が長いほど鉄道のシェアは大きくなっています。鉄道が一定程度のシェアを有しているのは500キロメートル以上の距離帯です。近年，500キロメートル以上の距離帯において鉄道の分担率がわずかながら拡大する傾向を示しており，長い距離帯ほどその傾向は大きくなっています。

　とはいえ，1,000キロメートルを超えるような長距離においても鉄道のシェアがトラックに及ばない現状は，鉄道の競争力が低く，トラックが中心の物流システムが構築されていることを示しています。

2　貨物鉄道会社

（1）　JR貨物

　先に述べたように，JR貨物は国鉄の貨物輸送部門を継承するために設立された鉄道会社です。国鉄の旅客輸送部門は地域分割のうえ6つのJR旅客会社に継承されているので，JR貨物は全国的な鉄道網を有する唯一の鉄道会社となっています。

　このため，わが国の鉄道貨物輸送におけるJR貨物の存在は極めて大きく，『鉄道統計年報』平成28年度版によれば，2016年度における輸送トンキロの99.2％，貨物運輸収入の94.8％，年度末営業キロの95.5％をJR貨物が占めています。以下，本章に記載する各数値は，とくに記載のない限り『鉄道統計年報』各年度版の数値を用いています。

　JR貨物以外の鉄道会社（臨海鉄道，民営鉄道）も貨物輸送を実施していますが，これらは地域内の短距離輸送に特化しており，すべての臨海鉄道と一部の民営鉄道は，JR貨物と貨物列車の直通運転を実施しています。2016年度末時点の営業キロはJR貨物が7,925.2キロメートルであるのに対し，民営鉄道と臨海鉄道は合計で371.5キロメートルであり，最も営業キロの長い秩父鉄道でも79.3キロメートルにとどまります。

　図表5-2はJR貨物の概要を示しています。JR貨物の開業年度である1987年度から2012年度まで5年ごとの数値を記載し，直近の数値として2016年度を記載しています。

　まずは輸送の推移を概観しましょう。輸送トン数の合計は，1987年度は5,529万トンであり，1992年度には5,563万トンに増加しています。しかし以降は減少に転じ，2016年度は3,071万トンで1987年度の55.5％とほぼ半減しています。

　輸送トン数の合計が減少しているのは，車扱の輸送トン数が大幅に減少していることが大きな要因です。鉄道貨物輸送にはコンテナと車扱という2つの輸送形態があります。車扱とは，貨車を1両単位で荷主企業が貸し切り，貨車に直接貨物を積載する輸送形態をいいます。車扱の輸送トン数は1987年度には

図表 5 - 2　JR 貨物の概要

年度		1987	1992	1997	2002	2007	2012	2016
輸送トン数 （万トン）	コンテナ	1,375	2,034	2,251	2,081	2,342	2,049	2,195
	車扱	4,154	3,529	2,477	1,738	1,278	930	877
	合計	5,529	5,563	4,729	3,820	3,620	2,979	3,071
輸送トンキロ （億トンキロ）	コンテナ	121	189	201	188	209	187	196
	車扱	79	74	42	30	23	15	13
	合計	200	262	243	219	231	202	210
年度末営業キロ（km）		10,154	10,055	10,036	9,232	8,335	8,338	7,925
駅数		367	356	347	314	270	254	242
車両数 （両）	機関車	1,008	1,089	1,031	944	859	713	646
	電車				16	42	42	42
	貨車	30,592	28,786	20,038	15,374	12,444	9,784	9,558
	その他	161	106	63	46	22	36	26
	合計	31,761	29,981	21,132	16,380	13,367	10,575	10,272
職員数（人）		11,364	10,065	8,138	6,423	5,758	5,362	4,857

（出所）『鉄道統計年報』各年度版より作成。

4,154万トンでしたが，2016年度は877万トンで，1987年度の21.1％にまで減少しています。

　一方，コンテナの輸送トン数は車扱とは異なる傾向を示しています。コンテナは貨物をコンテナに積載し，コンテナ自体を貨車やトラックに積載する輸送形態です。貨物駅においてトラックと貨車の間，あるいは貨車相互間でコンテナごと積み替えることができるので，荷役作業（積み下ろし作業）の負担が軽減するという利点があります。コンテナの輸送トン数は，1987年度には1,375万トンでしたが，その後大幅に増加し，1992年度には2,000万トンを上回っています。以後，多少の増減はあるものの，2,000万トン台で安定的に推移しています。

　車扱の輸送トン数が減少した最も大きな要因は，主に車扱貨車を利用するば

ら荷（bulk）の輸送量が減少したことにあると考えられます。車扱貨車で輸送される品目の大部分は，ばら荷の石油（石油製品），セメント，石灰石です。これらは重量が大きく，かつ大量に輸送されるので，貨車自体に積載する車扱貨車での輸送に適した品目といえます。これら3品目の輸送トン数の合計は，1987年度には2,606万トンでしたが，2016年度は739万トンであり，1,900万トン近く減少しています。とりわけセメントと石灰石の減少が顕著で，2016年度の輸送トン数は1987年度の1割前後に落ち込んでいます。

　輸送トンキロは1987年度から1992年度にかけて増加し，その後の年度では増減を繰り返していますが，いずれも1987年度を上回る数値を示しており，200億トンキロ台となっています。コンテナの輸送トンキロも同様の傾向を示しており，1987年度の121億トンキロから増加し，1997年度には200億トンキロを超えています。以後増減はあるものの，おおむね200億トンキロ前後の範囲で推移しています。一方で，車扱は輸送トン数の大幅な減少に伴って輸送トンキロも大きく減少しています。

　輸送トンキロでは，輸送トン数と比較してコンテナの比率が大きくなっています。これはコンテナの平均輸送距離が約900キロメートルであるのに対して，車扱は約180キロメートルと短いからです。

　コンテナの平均輸送距離が長いのは，輸送距離が長いほど鉄道のトラックに対する競争力が高まるからです。コンテナは端末輸送（出発地から駅までの輸送，および駅から到着地までの輸送）においては，トラックを利用するのが一般的です。トラックで直接輸送する場合と異なり，コンテナは出発駅および到着駅での荷役作業が避けられないため，近距離の輸送では鉄道を使わず，トラックで直接輸送した方が利便性は高くなるからです。

　次に経営資源の推移を概観しましょう。年度末営業キロは1987年度末時点で10,154キロメートルでしたが，以後小規模な増加はあるものの，減少傾向が継続しています。2016年度末には8,000キロメートルを下回って7,925キロメートルにまで減少しています。先に述べたように，JR貨物は一部の区間を除いて，JR旅客会社等が保有する線路を借りて貨物輸送を実施しています。そのためJR貨物は路線を廃止する際に発生する埋没費用（回収が不可能な費用）の割合が小さく，営業キロ数の削減は比較的容易であるといえます。

　駅数は減少し続けています。1987年度の駅数は367でしたが，2007年度には300を下回って270となり，2016年度は242で1987年度の約 3 分の 2 です。

　車両数は，その大部分を貨車が占めています。貨物列車は一部の例外を除いて，機関車が多数の貨車を牽引する形態で運転されるからです。貨車を中心に車両数も大幅に減少しており，2016年度は10,272両で1987年度の約 3 分の 1 となっています。なお，わが国の旅客列車は貨物列車とは異なり，大部分は旅客が乗車する車両に動力が設置されている電車，気動車（ディーゼルカー）で運転されています。

　職員数も減少し続けています。1987年度に11,364人でしたが，2016年度は5,000人を下回って4,857人となっており，1987年度の 4 割余りの人数となっています。

　これまで見たように，JR貨物はコンテナによる輸送にシフトするとともに，鉄道事業の規模を縮小しているようです。これはJR貨物の輸送が主要幹線である首都圏～福岡間（東海道線，山陽線，鹿児島線の門司から福岡に至る区間）と首都圏～北海道間（東北線，盛岡から札幌に至る各路線）の長距離地域間輸送に集中しているからです。とりわけ首都圏～福岡間の輸送需要は旺盛で，後に述べるようにコンテナの輸送力を増強するインフラ（インフラストラクチャー）の整備が行われています。したがって，JR貨物は主要幹線でのコンテナによる輸送に経営資源を集中させているといえます。

　それでは，JR貨物の経営はどのように推移しているのでしょうか。**図表 5 - 3** は鉄道事業営業損益の推移です。JR貨物は2005年度まで，鉄道事業とその他事業の営業損益を区分して公表していなかったので，ここには2006年度以降の数値を記載しています。

　JR貨物は鉄道事業で営業利益を計上できない状態が続いており，2015年度まで毎年度30億～100億円程度の営業損失を計上し続けています。2016年度は営業収益が 5 億円増加し，営業費を33億円削減してようやく利益を計上しています。

　繰り返しになりますが，JR貨物は一部の区間を除いて線路を保有していないので，貨物列車を走らせたときにのみ線路に関する費用を線路使用料として負担するだけで，線路の固定費（サービス供給量にかかわらず固定的に発生する

図表 5 - 3 JR 貨物の鉄道事業営業損益の推移 (単位：億円)

年度	営業収益	営業費	うち減価償却費	損益	償却前
2006	1,494	1,533	152	−40	112
2007	1,517	1,558	163	−42	122
2008	1,463	1,555	168	−92	76
2009	1,370	1,471	171	−101	69
2010	1,353	1,425	172	−72	99
2011	1,331	1,403	168	−73	96
2012	1,313	1,391	164	−79	86
2013	1,332	1,375	166	−44	122
2014	1,339	1,390	169	−51	118
2015	1,364	1,397	171	−34	137
2016	1,369	1,364	179	5	185

(注) 損益の償却前とは減価償却費計上前の数値である。
(出所) 『鉄道統計年報』各年度版より作成。

費用) の負担はありません。なので，線路を自前で保有する JR 旅客会社より
も黒字（営業利益）を計上しやすいと言えます。にもかかわらず，JR 貨物は鉄
道事業で営業利益を計上できない状態が続いているという厳しい経営状況にあ
ります。

　ただし減価償却費計上前の営業損益では，利益を計上し続けています。減価
償却費とは固定資産の減耗分を各固定資産の耐用年数に応じて費用として配分
する会計処理のことであり，引当金として会社に内部留保されるものです。し
たがって，減価償却費計上前に営業利益を計上している限り，経営環境に大き
な変化がなければ，少なくとも短期，つまり大規模な設備投資を伴わない期間
の事業存続は可能であると言えます。

（2）　臨海鉄道・民営鉄道

　臨海鉄道は，臨海工業地帯（臨海部に造成された大規模な工業地帯）を発着す

る貨物を輸送するために，国鉄，臨海工業地帯の属する地方自治体および臨海
工業地帯に進出した各企業が共同出資して設立した第三セクター方式の鉄道で
す。

　わが国では1950年代後半から1960年代にかけての高度経済成長期において，
臨海工業地帯が全国的に造成されました。臨海工業地帯に進出した各企業は重
化学工業を中心とする，いわゆる素材型産業であり，大量輸送が必要となるこ
と，また，全国的な鉄道網を有していた国鉄との直通運転を必要とする場合が
多いことから，鉄道の早期建設を国鉄に強く要望しました。

　しかし当時の国鉄は新幹線の建設等幹線輸送力の増強に追われており，また
臨海工業地帯の鉄道のような短距離路線では，建設および運営に要する費用に
比べて収益の増加は多くを見込めないため，早期建設に難色を示します。その
結果，鉄道の早期建設を図るために，第三セクター方式の臨海鉄道を設立する
ことになりました。

　臨海鉄道は1963年9月から1975年11月までの間に13社が開業しました。なお，
国鉄の分割・民営化後，国鉄が保有する各臨海鉄道の株式はJR貨物が継承し
ています。臨海鉄道は，その設立の経緯から，すべてJR貨物と貨物列車の直
通運転を実施しています。

　民営鉄道は，JR貨物，臨海鉄道以外で貨物輸送を実施している鉄道会社と
いうことになりますが，ここでは臨海鉄道以外の第三セクター方式の鉄道会社
も民営鉄道に含めます。先に述べたように，臨海鉄道と民営鉄道は地域内の短
距離輸送に特化しています。民営鉄道には，臨海鉄道と同様にJR貨物と貨物
列車の直通運転を実施しているものと，他の鉄道会社とは貨物列車の直通運転
を行わず，自社線内で貨物輸送を実施しているものとがあります。

　なお臨海鉄道と民営鉄道には，貨物輸送のみを実施しているものと，貨物輸
送と旅客輸送の両方を実施しているものとがあります。

　図表5-4は臨海鉄道・民営鉄道のキロ程合計と会社数の推移を，1980年度
末から2015年度末まで5年間隔で示しています。臨海鉄道は1980年度末から
1995年度末まで13社が営業しており，キロ程の合計は1980年度末と1985年度末
は160キロメートル台，1990年度末と1995年度末は増加して210キロメートル台
となっています。この増加は，鹿島臨海鉄道が旅客列車のみ運転していた区間

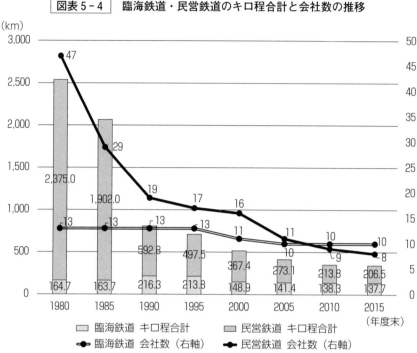

図表 5-4 臨海鉄道・民営鉄道のキロ程合計と会社数の推移

（出所）『鉄道統計年報』各年度版より作成。

において貨物輸送を実施したためです。2000年度末以降はキロ程合計，会社数ともにやや減少し，2015年度末現在，キロ程合計は137.7キロメートルで10社が営業しています。1980年度末と比較すると，キロ程合計は83.6％，会社数は約4分の3となっています。

　民営鉄道は1980年度末から1990年度末にかけて，キロ程（貨物営業キロ）合計と会社数が大幅に減少しています。1980年度末はキロ程が2,375キロメートルで47社が営業していましたが，1990年度末はキロ程が592.8キロメートルで1980年度末の4分の1にまで減少し，会社数も19社と4割に減少しています。これは国鉄・JR貨物が貨物取扱駅を大幅に削減したために，直通輸送ができなくなった民営鉄道が貨物輸送を相次いで廃止したことが主な原因です。2000年度末以降も減少傾向は継続しており，2015年度末はキロ程が206.5キロメートル，会社数は8社となっています。1980年度末と比較すると，キロ程はわず

図表5-5　臨海鉄道・民営鉄道の輸送トン数の推移

（万トン）

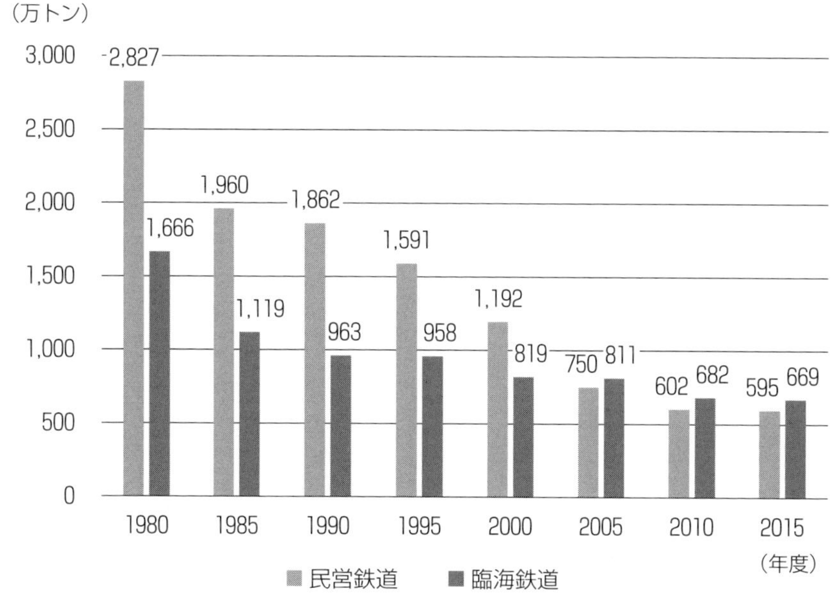

（出所）『鉄道統計年報』各年度版より作成。

か8.7％で，会社数は2割弱になっています。

　図表5-5は臨海鉄道・民営鉄道の輸送トン数の推移を，1980年度から2015年度まで5年間隔で示しています。貨物輸送量を考察する場合，一般的には輸送距離を考えて輸送トンキロを用いる場合が多いのですが，臨海鉄道・民営鉄道は短距離であるので，輸送トン数を用いても差し支えないと言えます。全体的な傾向としては1980年度から1985年度にかけて急激に減少し，それ以降は緩やかな減少となっています。

　臨海鉄道は，1980年度は1,666万トンの貨物を輸送していましたが，2010年度と2015年度は600万トン台に減少しています。2015年度は1980年度の4割となっています。民営鉄道の輸送トン数は，1980年度は2,827万トンでしたが，1985年度に2,000万トンを下回り，1990年度から2005年度までの間に約1,100万トン減少しています。2010年度と2015年度は600万トン前後となっており，2015年度は1980年度の2割余りにまで大きく減少しています。

　ただし民営鉄道の輸送トン数の減少傾向はキロ程ほどには大きくありません。民営鉄道の貨物輸送は輸送量の大きい会社のみが存続しているといえます。一方，臨海鉄道はキロ程と会社数よりも輸送トン数の減少傾向の方が大きく，多くの会社が存続しているものの，輸送量を減らしていることがうかがえます。

　臨海鉄道は車扱による輸送が適しているばら荷の石油製品，石灰石を多く輸送していますが，一方でコンテナの比率が拡大する傾向にあります。1985年度以前のコンテナの比率は輸送トン数の5％未満でしたが，1990年度には約1割を占めるようになります。以後もコンテナの比率は拡大し，2015年度は輸送トン数合計の4割を占めています。臨海鉄道がコンテナの比率を拡大しているのは，直通運転を実施するJR貨物がコンテナによる輸送を強化していることが理由の1つにあげられます。

　一方，民営鉄道の主な輸送品目は，ばら荷の石灰石，石炭，セメントで，車扱による輸送に適しています。2015年度の民営鉄道の輸送トン数は**図表5-5**のとおり595万トンで，すべて車扱貨車によって輸送されています。

3　モーダルシフトの可能性

（1）　モーダルシフトの必要性

　わが国の貨物輸送は，JR貨物が発足する直前の1985年度時点でトラック輸送中心の体制が確立しており，鉄道はトラックを補完する役割に甘んじています。しかし一方で，JR貨物の発足から現在に至るまでの間，トラックドライバー不足の顕在化や環境意識の高まりから，このようなトラックに過度に依存した物流システムについて，再考を求める議論が活発に交わされています。

　近年，トラックドライバー不足によって貨物輸送に支障が生じる事例が見られるようになっています。わが国は今後も少子高齢化が進展するものと予測されており，トラックドライバー不足はより深刻さを増すものと考えられます。スムーズな貨物輸送を維持するためには，トラックドライバー不足に対処することが喫緊の課題であり，これを解決する方策の1つがモーダルシフトです。

　鉄道は，モーダルシフトの受け皿として，常に注目され続けてきました。先

に述べたとおり，鉄道は安全性，安定性，高速・大量輸送，エネルギー効率，労働生産性，環境負荷等の観点において，優位性の高い輸送機関です。鉄道貨物輸送は，社会的費用（ある経済活動が第三者あるいは社会全体に悪影響を与えているにもかかわらず，その経済活動の主体が負担しない部分）の抑制，少子高齢化の進展に伴う労働力不足への対処，希少なエネルギー資源の効率的な利用といった政策課題の解決に資する可能性があり，その活性化が期待されます。

（2）　モーダルシフトを推進するには

　しかし，先に見たように，JR 貨物は主要幹線における長距離の高速輸送に経営資源を集中し，鉄道事業の規模を縮小しています。主要幹線における輸送量が大きければ，JR 貨物の経営判断は合理的と言えなくもないのですが，鉄道の貨物輸送トンキロのシェアは拡大せず，JR 貨物は鉄道事業で営業損失を計上し続けています。JR 貨物がモーダルシフトの受け皿として機能するには，あまりにも経営基盤が脆弱です。

　荷主企業にとって，鉄道はトラックよりも本質的に使いにくい輸送サービスと言えます。鉄道の運転速度は100キロメートル/時前後でトラックと遜色ありませんが，端末輸送にトラックを利用するので駅での荷役作業が必要で，輸送時間でトラックよりも優位に立つことは困難です。また，あらかじめ決められたダイヤに従って運転されるので，荷主企業の要求に応じて運転時刻を柔軟に変更することはできません。

　JR 貨物をはじめとする貨物鉄道会社がモーダルシフトの受け皿として機能するには，輸送力の確保や輸送サービス水準の向上が必要です。そのためには以下の4つの施策が必要とされるでしょう。

①　幹線輸送力の増強

　主要幹線である首都圏～福岡間では，コンテナの輸送力を増強するインフラの整備が行われています。これは同区間で26両編成の貨物列車を運転できるように，駅，変電所等を整備するものです。とはいえ最大24両編成であった列車にコンテナ貨車を2両増結しただけで，モーダルシフトを推進するには，輸送力の増強量はあまりにも小規模です。より大規模な輸送力の増強が必要でしょう。

② 安定輸送の確保（輸送障害発生時の対応）

これについては，より早急な対応が望まれます。トラックは，それが走行で
きるだけの幅の道路さえあれば運転できますが，鉄道は線路が途絶すると運転
ができないからです。2018年7月に発生した大雨および同年9月に発生した台
風による災害によって，首都圏〜福岡間の一部である山陽線は，広島県内の区
間を中心に100日間も貨物列車の運転が不可能になりました。京阪神圏と九州
地方を結ぶ貨物列車の運転経路は山陽線のみで，貨物列車の迂回経路が設定さ
れていなかったために，貨物列車が長期間運転できなかったのです。一般的に，
貨物列車は旅客列車に比べて重量が重く列車編成も長いので，貨物列車が運転
できるように整備されていない線路を走ることはできません。

先に述べたように，JR貨物は多くの路線で貨物営業を廃止していますが，
現在は旅客列車のみ運転されている区間を貨物列車が運転できるように整備し，
迂回経路を確保しなければ，安定輸送を確保することはできないでしょう。

③ 駅の近代化（着発線荷役方式の駅の整備）

わが国の多くの貨物駅は，着発線（貨物列車が到着・出発する線路）とは別に
荷役作業を行うための荷役線を設置する構造となっています。これは，かつて
貨物輸送が車扱を中心としていたためです。車扱貨車は貨車自体に直接貨物を
積載し，また貨車ごとに行先が異なるので，駅に到着した貨車の編成を分割し，
荷役作業を行う必要のある貨車を荷役線に転線させて荷役を行う必要がありま
した。

しかし現在のコンテナによる輸送の場合，駅においてコンテナを積み下ろす
だけなので，着発線にコンテナを積み下ろすホーム（荷役ホーム）を設置する
着発線荷役方式の駅構造の方が，駅用地を効率的に利用できるほか，貨物列車
の駅での停車時間を容易に短縮できるメリットがあります。しかし『貨物時刻
表』2019年版によると，着発線荷役が可能であるのは岐阜貨物ターミナル駅，
北九州貨物ターミナル駅等29駅にとどまります。着発線荷役方式の駅への改築
が急がれます。

④　地域間輸送への新規参入

　これは鉄道会社間の競争を通じて鉄道貨物輸送を活性化させるので，鉄道をモーダルシフトの受け皿とするうえで重要な方策といえます。また，JR貨物が貨物輸送を廃止している区間においても，他の鉄道会社が貨物輸送を実施することが考えられるので，鉄道網の縮小を防ぐことができます。

　JR貨物以外の貨物鉄道会社（臨海鉄道，民営鉄道）は地域内の短距離輸送に特化しているので，地域間輸送は事実上JR貨物の独占となっています。しかし貨物列車の走る線路の大部分はJR旅客会社が保有しているので，JR旅客会社に線路使用料を支払えば，JR貨物以外の鉄道会社も地域間の貨物輸送を実施することは制度上可能です。新規参入の可能性がある会社は，臨海鉄道，民営鉄道のほか，JR旅客会社があげられます。これらは何らかの形で鉄道貨物輸送にかかわっているので，新規参入が比較的容易であると考えられるからです。

　上記4つの施策のうち，①②③については国の大規模かつ積極的な支援が必要です。営業損失を計上し続けているJR貨物には，自己資金で大規模な設備投資を行うことは難しいからです。④については，国が新規参入を希望する鉄道会社に支援する等，JR貨物以外の鉄道会社が参入しやすい環境を整える必要があるでしょう。

〈参考文献〉

伊藤直彦（2017）『鉄道貨物　再生，そして躍進』日本経済新聞出版社。
小澤茂樹（2013）『線路使用料とダイヤ配分から見た鉄道貨物輸送の問題』日交研シリーズ
　　A—566，（公社）日本交通政策研究会。
㈱ジェイアール貨物・リサーチセンター（2004）『日本の物流とロジスティクス』成山堂書店。
㈱ジェイアール貨物・リサーチセンター（2007）『変貌する産業とロジスティクス』成山堂
　　書店。
福田晴仁（2019）『鉄道貨物輸送とモーダルシフト』白桃書房。

練習問題

(1) JR貨物がほとんど線路を保有していない理由を考えよう。

(2) トラックから鉄道へのモーダルシフトが進まない原因を考えよう。

第6章
国際コンテナ輸送と船荷証券

キーワード	在来船とコンテナ船　　SCM　　JIT
	船荷証券（B/L）と約款　　有価証券　　信用状（L/C）

●本章の学びの目的

コンテナ船は国際物流にどのような影響を及ぼしたのか，貿易における国際コンテナの重要性を，具体例を見ながら学びます。

後半は船荷証券（通称 B/L：Bill of Lading）について B/L の種類と使用方法，さらに船会社はその海上輸送においてどこまでの責任を負うのか，その約款と根拠となる法律等を順に学んでいきます。

1　貿易と国際コンテナ輸送

（1）　在来船とコンテナ船

17世紀後半のイギリスで起こった産業革命以降，それまで帆船を利用していた輸送方法が蒸気船に代わり，20世紀になると石油を燃やして動く内燃機関（いわゆるエンジン）を利用した船が主流になってきます。このように船を動かす動力は発展してきましたが，船に貨物を積む方法は基本的に変化していません。すなわち船の甲板にある蓋（ハッチ）を開けて，船艙（ホールド）に貨物を積み込む方法であり，この船型は在来船（Conventional Vessel）とよばれています。現在でもドライ・カーゴ（Dry Cargo），すなわち石油等の液物ではない一般貨物（木箱等）や穀物，木材，石炭，鉄鉱石等を多量に輸送する時に使用されます。ただし，基本的に在来船は貨物が濡れるので雨天荷役ができないため，スケジュールが少しずつ遅れる傾向があります。したがって，在来船を

定期スケジュールで運航することは至難の業であるとの現実があります。

　一方，正確な時期は不明ですが，イギリスやアメリカでは貨物を鉄の箱に詰めてそれを貨車，トラックそして船で輸送するアイデアが生まれ，一部実行されていました。そして第二次世界大戦中，アメリカ軍では雨に濡れてもいいように，鉄の箱に武器・弾薬から宿営機材まであらゆる装備を入れ，それを段重ねして保管し，トラックで港に運び，さらに船に積んで戦地に運ぶことが実行されました。戦後，その軍の方式を民間が取り入れ，スタンダードとなったのが現在の「国際コンテナ」と言われています。

（2）　国際コンテナ輸送

　英国の産業革命以降，工業生産国と農業生産国間の国際分業化が始まり，近年では単純な工業製品・農業製品だけではなく，複雑なサプライチェーン（Supply Chain）とよばれる工業製品の国をまたぐ部品供給システムが構築され，それに基づく国際分業化が深化しています。

　たとえば自動車メーカーの生産工場をタイに建設したとします。車の基本設計はどこで行うのでしょうか。重要なエンジンの生産は，車のフレームは，ランプは，ブレーキは，ワイヤー・ハーネス（車体内のケーブル類）等々，これらをすべてタイの自動車工場が生産するのでしょうか。いいえ，これらの相当な部分は，アウトソーシング（Out Sousing）といわれ，他社に外部委託し生産されます。しかも多国籍にわたり，電子部品などの高度な技術を必要とするものは先進国から，人力をたくさん必要とするもの（労働集約型の製品）は開発途上国からタイに輸入し，タイで最終的に組み立てて自動車が完成します。しかしながらタイ製品（Made in Thailand）とするためには，定められた現地調達率（全体におけるタイ製品の占める割合）をクリアする必要があり，すべて輸入品に頼るわけにはいきません。

　そこでティアー1（Tier-1＝第1層）とよばれる主な外部委託先の会社は，タイの自動車工場の近隣に進出してきます。そこからJIT（Just in Time）方式とよばれる方法で，「指定された部品を，指定された時間に，指定された数量だけ」生産工場に納品します。これに時間遅れや納品・数量等の間違いが発生すると，車の生産ラインがストップすることとなります。このJIT方式でタ

イ国内だけではなく，たとえば近隣のカンボジアやベトナムから，さらには中国，日本等の離れた国からも納品されます。これを1カ所で全体を一元管理して，コントロールするのがサプライチェーン・マネジメント（Supply Chain Management：SCM）方式とよばれる，部品供給の管理システムです。

　大雑把な自動車生産の一例を挙げましたが，実際は製品により，会社により運用方法は異なります。しかし現在，このような国際分業・SCM は避けては通れない道となっているのが実状です。国際輸送の初期段階では貨物を港から出して港で受け取る「Port to Port 条件」で，「港で貨物を受け取り，倉庫で一旦保管し，必要に応じて工場に配送する」方法でした。しかしながら上記のような SCM が深化すると，この方法では時間がかかり過ぎ，コンテナごと工場へまたはすぐそばの倉庫等にもって行き，「デバン（コンテナから貨物を取り出す）・即納品」というような形態が増えました。すなわち，いかに発注から納品までのリードタイム（かかる時間）を減らし，使わないで待機している部分在庫の量を減らすか（在庫金利の減少）が問われるようになりました。このことが必然的に，「Port to Port 条件」から「door to door 条件」へと物流形態を変えていったのです。

　またメーカーが求める物流会社の対応能力が，単に「オーダーされた物を日本の港から出せば終わり」から「日本のみならず第三国から出荷し，工場のある国で受け取り，それを JIT 方式で納品する能力」になってきました。このような物流形態の変化は，物流会社を国内専門の会社と海外対応可能な会社に二分化し，さらには船会社をも「Port to Port 条件」に対応するだけでなく，「door to door 条件」に対応できる会社へと変化させてきました。

　次に，コンテナ船を運航する船会社の立場から見てみますと，「定曜日サービス」が絶対条件となってきました。たとえば毎週水曜日に名古屋を出るタイ向けのコンテナ船があると，利用者（メーカー，部品供給者）はその水曜日に合わせて部品を用意し，船積みします。その船が翌々週の水曜日にタイの港に入港するとしますと，それに合わせてコンテナを引き取り，ダイレクトで納品または工場側の倉庫でデバンして納品するタイム・スケジュールに合わせて全体が動くことになります。これを工場の生産計画から逆算して部品等の出荷計画が組まれます。これをミニマイズして行くと，リードタイムが短縮され，在

庫金利（無駄な在庫をもたない）が圧縮され，大幅なコスト削減が見込まれます。ただし，「船の故障」，「自然災害による遅れ」等々が発生し，一旦このスケジュールが崩れると，工場の生産に影響が出る危険性があることも事実です。すなわち，船の運航スケジュールが以前より大変重要なファクターとなってきています。

　また上記の部品のように，一般貨物以外でも，通常なら在来船で運ぶ穀物や，ペレットとよばれる粒状の化学品などを，インナーバッグとよばれるコンテナと同じ大きさのビニール袋をコンテナ内に展張して，その中に積み込み，コンテナ船で運ぶ方法も一般化しています。

　一方，重量物船という特殊船で運ばれる重量物貨物を，コンテナ船内のコンテナ・スペースに床だけを敷き詰め，そのうえに積む方法もあります。これは，重量物のコンテナ船利用とよばれています。

　このように在来船に比べ，コンテナ船は雨天荷役が可能なため時間的に早くて正確であり，かつコンテナ自体を港から内陸まで運べるメリットがあるため，コンテナ船の需要が一層高まっています。現在の国際的なサプライチェーンを利用する生産活動，その他の利用方法も含めコンテナ輸送は欠かせない存在であり，コンテナ輸送は世界の経済活動にとって，体の隅々に血を送る血管のような役割を担っています。

2　船荷証券

（1）　船荷証券の役割

　大航海時代以降19世紀にかけての貿易の一例を述べると，たとえば英国船が胡椒や紅茶をインドから英国に運ぶ場合，インドで出航前に積荷の明細が書いてある書類に船長（船会社）がサインし，荷主に渡していました。船が英国に着いた時，この書類と引き換えに貨物を渡すことになっているので，大変重要な書類でした。船はインド洋からアフリカ南端の喜望峰沖を通過して欧州に向かうので，数カ月の航海日数を要し，かつ危険な航海でした。

　一方，先ほどの書類は陸路を通って英国に届きますので，船の航海中にその

書類を売り買いすることも可能でした。たとえば，1万ポンド分の胡椒（貨物）が引き取れる書類を，胡椒の値段の上下を予測し1万ポンドより高く売るとか，安く売るとか，すなわち投機的な転売も可能でした。

このような書類に，20世紀に入り世界的な統一基準を設け，法的な効力をもたせたのが現在の船荷証券（B/L: Bill of Lading），通常B/Lとよばれる書類です。

B/Lには，以下の3つの役割があります。

① 運送契約書（船会社と荷主間の契約書）

② 貨物受取書（積地で荷主から貨物を受け取った受取書）

③ 有価証券（転売することができる書類）

B/Lは通常「オリジナル」とよばれるサイン入り原本3部が発行されますが，そのうちの1部が船会社に提出された時点で，残り2部の効力がなくなり，最初にB/Lを提出した人に貨物が引き渡されるとの決まりになっています。

もしB/Lを紛失した場合，荷主はどうしたらよいのでしょうか。これには2つの解決方法があります。1つ目は，荷物引渡し地を管轄する地方裁判所にてB/Lの「除権手続をする」という方法です。すなわちB/Lの効力をなくす手続です。2つ目は，荷主が船会社にバンクLG（Letter of Guarantee）とよばれる銀行の連帯補償付き保証状を提出し，貨物をリリースしてもらう方法です。

厳密に言うと，これらの方法も完全な解決策ではなく，善意の第三者とよばれるオリジナルB/Lをもった人が現れた場合，どちらが真の貨物所有者になるかわからなくなります。このようにB/Lは大事な書類であり，紛失した場合は大変なことになるとの認識は必要でしょう。

（2）　船荷証券と信用状決済

ここで一度B/Lから離れて貿易について説明します。国境をまたいでモノを売り買いするので，商品の内容や値段以外に貨物の引渡し条件，輸送条件，貨物保険，そしていつどうやって代金決済をするのかが重要となります（貿易条件：トレーディング・タームス（Trading Terms））。輸出者・輸入者間に信頼関係がある場合は，いわゆる電子送金と言われる方法，すなわち相手の銀行口座に代金を振り込む方法が一番簡単です。先に代金を振り込んでも，契約どお

りのものが期日内に送られてきて，逆に先に貨物を送っても，約束どおりの代金が振り込まれるからです。

　これが初めての取引だったり，信頼感のない取引相手の場合は，本当に契約どおりの貨物が送られてくるのか，逆に貨物を送った後に代金は振り込まれるのか等々の心配があります。ここで考え出されたのが信用状決済とよばれる信用状（L/C : Letter of Credit）を利用した決済方法です。

　輸出者──→輸出国側銀行──→輸入国側銀行──→輸入者と，輸出者と輸入者の間に銀行が入り，為替手形と指定された船積書類を買い取るという方法です。この船積書類の中の最も大事な書類が B/L です。

　簡単に言うと書類は輸出者側から 2 つの銀行を介して輸入者へ，決済は輸入者から 2 つの銀行を介して輸出者へ支払われる仕組みになっています。輸入者が代金を支払わないで逃げた，倒産した等々の場合でも，間に銀行が入るので全額回収できるかどうかは別として，1 対 1 の時よりは安心感があります。この L/C 決済に使用できる B/L，使用できない B/L に関しては，（4）「船荷証券の種類，約款，準拠法」にて説明します。

　一方，このペーパーレス時代，スピード時代にオリジナル B/L のような紙媒体で取引する必要があるのかとの考えがあるのも事実です。とくに釜山港～博多港間など近隣国の輸出の場合，オリジナル B/L を発行しそれを相手国にクーリエする前に本船が着いてしまうなどの問題が発生します。そこで B/L の代わりとして誕生したのが「海上運送状」（SWB : Sea Waybill）です。

　これは B/L と違い流通性がなく，書類の買取りはできません。先ほどの例に出てきた信頼度のある者同士の取引の場合は L/C を利用する必要はなく，買取りも存在しない場合にこの SWB が使用されます。

　輸出者：A 社，輸入者：B 社に変更の必要がなく SWB に両社の名が記載された場合，貨物が一旦本船に積まれた後，貨物は B 社に直送されます。オリジナルの書類が必要ないので，ファックスや PDF で SWB のコピーを相手に送れば，その後書類は必要ありません。ただし買取りができないので L/C 取引には使用できません。

　現在，L/C 取引にも紙媒体であるオリジナル B/L を発行しないで電子的な方法で信頼度のある書類を相手国に送れないかとの研究がなされています。し

かし現時点で L/C 取引の場合，オリジナル B/L を相手国に送る以外の正式な方法はありません。また，南米から数万トンの穀物を積んだ本船が欧州の港に着く前に買主が次々に変わる，中東発の原油がアジアや日本の港に着く前に買主が変わるという，B/L を介して転売する商法は今日でも続いています。

（3）　船荷証券の記載内容と船会社の責任範囲

ここでは，B/L のどこに何が書かれており，それがどのような意味をもち，船会社はどこまで責任を負うのかを説明します。

図表 6 - 1 は B/L の全体図ですが，細かく見るためにこれを 3 分割し，上から順に説明します。

図表 6 - 2 が B/L の上部です。右側の①は B/L 番号，⑤は船会社名，⑥は約款内容の一部がここに書き込まれています。左側の②Shipper は「荷送人」すなわち積地側から荷を出す人，③Consignee は「荷受人」すなわち到着地側で荷を受け取る人，④Notify Party は「通知先」で通常は本船が荷揚港に到着する時に船会社が連絡する連絡先で，これらの内容が書き込まれます。ただし船会社は，④Notify Party「通知先」に本船到着等の連絡の義務を負いません。シンプルな形では，「荷送人」は輸出者，「荷受人」は輸入者，「通知先」も輸入者をそれぞれ書き込みます。上記以外に例外もありますが，それは後ほど説明します。

次に⑧Place of Receipt とありますが，これは船会社が貨物を受け取った場所であり，⑫Place of Delivery が貨物を引き渡す場所です。B/L 発行者（船会社）は，⑧受け取り地から⑫引渡し地までの間の輸送責任を負います。

⑩Port of Loading は本船が貨物を積む港，⑪Port of Destination は貨物を陸揚する港を書き込みます。船会社が貨物を積込み港で受け取り，荷揚げ港で荷主に渡す場合は，⑧＝⑩，⑫＝⑪（Port to Port）となります。それが，たとえば「⑧Ota City，⑩Tokyo，⑪Rotterdam，⑫Dusseldorf City」と書かれている場合は，船会社が群馬県太田市でコンテナを受け取り，太田市～東京港間，東京～ロッテルダム港間，そして欧州ではロッテルダム港からデュッセルドルフ市まで輸送し，その間（⑧～⑫）の輸送責任を負うこととなります（door to door）。

図表6-1 B/Lの全体図

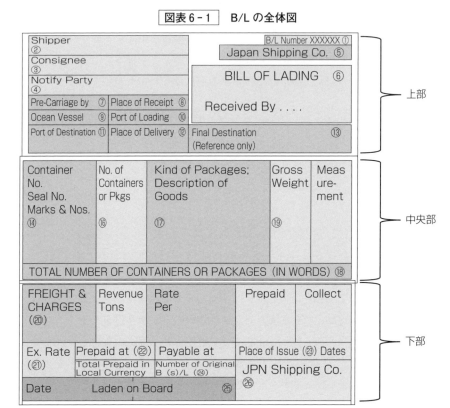

Shipper ②		B/L Number XXXXXX ①		上部
Consignee ③		Japan Shipping Co. ⑤		
Notify Party ④		BILL OF LADING ⑥		
Pre-Carriage by ⑦	Place of Receipt ⑧	Received By		
Ocean Vessel ⑨	Port of Loading ⑩			
Port of Destination ⑪	Place of Delivery ⑫	Final Destination ⑬ (Reference only)		

Container No. Seal No. Marks & Nos. ⑭ — No. of Containers or Pkgs ⑯ — Kind of Packages; Description of Goods ⑰ — Gross Weight ⑲ — Measurement — 中央部

TOTAL NUMBER OF CONTAINERS OR PACKAGES (IN WORDS) ⑱

FREIGHT & CHARGES ⑳ — Revenue Tons — Rate Per — Prepaid — Collect — 下部

Ex. Rate ㉑ — Prepaid at ㉒ — Payable at — Place of Issue ㉓ Dates — Total Prepaid in Local Currency — Number of Original B (s)/L ㉔ — JPN Shipping Co. ㉖

Date — Laden on Board ㉕

（出所）　筆者作成。

図表6-2 B/Lの上部

Shipper	ABC Co. Minato-ku, Tokyo, Japan ②	B/L Number XXXXXX ①
Consignee	XYZ GmbH Dusseldorf, Germany ③	Japan Shipping Co. ⑤
Notify Party	Same as Consignee ④	BILL OF LADING ⑥
Pre-Carriage by ⑦	Place of Receipt Ota City ⑧	
Ocean Vessel MV."Logis Maru" ⑨	Port of Loading Tokyo, Japan ⑩	
Port of Destination Rotterdam, NLD ⑪	Place of Delivery Dusseldorf City ⑫	Final Destination ⑬ (Reference only)

（出所）　筆者作成。

⑦Pre-Carriage は，本船に積まれる前に使用された輸送機器の名前，⑨ Ocean Vessel は本船名を書き込みます。

⑬Final Destination は，荷主が最終的に貨物をもって行く場所を書き込みますが，ここは荷主の都合であり船会社の責任範囲外となります。

図表6-3　B/L の中央部

Container No. Seal No. Marks & Nos. ⑭ JPN Co # XXX 　Seal # zzzz ⑮ <ABC> C/No.1-50 Made in Japan	No. of Containers or Pkgs ⑯ 50 Boxes	Kind of Packages; Description of Goods ⑰　50 Boxes　(500Sets) 　　of Video Game Player "Shipper's Load and Count" "Said to Contain"	Gross Weight 1,800Kgs ⑲	Measure- ment 11 M3
TOTAL NUMBER OF CONTAINERS OR PACKAGES (IN WORDS)⑱ Fifty (50) Boxes Only				

（出所）　筆者作成。

　図表6-3 の⑭，⑮にはコンテナ番号，シール番号，貨物のケース番号やシッピング・マークが書き込まれます。⑯にはコンテナ数または貨物の個数が書き込まれます。

　⑰には貨物明細そして「Shipper's Load and Count」，「Said to Contain」等の不知文言（荷主がコンテナに貨物を積み込んだもので，船会社は内容・個数に関しては関知しないと宣言）が船会社により記載されます。また，コンテナではなく，一般の貨物を船会社が受け取った時に何か不都合があった場合（貨物が濡れている，曲がっている，穴が開いている等々）は，ここにリマークと言われる「注意書き」が船会社によって記載されます。

　⑲には貨物の重量と容積を書き込みます。⑱には船会社が引き受けた貨物の個数（梱包数）が文字で書かれ（数字より文字が優先される），これは事故等があった場合に船会社が荷主に対する賠償金額の基となる損害個数となりますので重要です。

| 図表 6 - 4 | B/L の下部 |

FREIGHT & CHARGES ⑳	Revenue Tons	Rate Per	Prepaid	Collect
		"Freight Prepaid as Arranged"		
Ex. Rate ㉑ US$= JP¥110.50	Prepaid at ㉒ OSAKA	Payable at	Place of Issue ㉓ Dates OSAKA, Japan 8 August 2019	
	Total Prepaid in Local Currency	Number of Original B(s)/L ㉔ Three (3)	JPN Shipping Co. ㉖	
Date ㉕ 8 August 2019	Laden on Board the Vessel By	MV."Logis Maru"		Stamp ㉗

（出所） 筆者作成。

図表 6 - 4 の⑳の部分には海上運賃やそれに付属するチャージ等が書かれますが，図のように，荷送人が海上運賃をいくら支払ったかを荷受人に知らせたくない場合は「Freight Prepaid as Arranged」と記入し，海上運賃の明細等を記入しません。

㉑は海上運賃等を支払う時の換算レート，㉒はどこで支払われたか，㉔はB/L のオリジナルの発行枚数，㉓は B/L の発行場所，㉖には船会社の名前とサインが記載されており，そして印紙が貼られます。

注意していただきたいのは，㉕「On Board 欄」に船名，積み込み日，そしてここにもサインがあることです。この B/L では，上部にも船名が書かれていましたが，あくまで積み込み予定の船名であり，最下部の「On Board 欄」に書かれている船名と日にちは，「間違いなくこの日，この船に積み込まれた」とサイン入りで証明していることです（理由は後述します）。

（4） 船荷証券の種類，約款，準拠法

ここで B/L の種類と見分け方を説明します。

そもそも B/L には，「Received フォーム」（**図表 6 - 5** の左側の 2 枚）で作られたものと，「Shipped フォーム」（**図表 6 - 5** の右側の 1 枚）で作られたものの 2 種類あります。B/L 表面の右上の約款文言の最初に「Received」，「Shipped」と書かれており，ここで見分けがつきます。

「Received フォーム」の B/L 左上に船名，右下に発行日とサインが入って

図表 6 - 5　①船積荷証券（Shipped B/L）と②受取船荷証券（Received B/L）

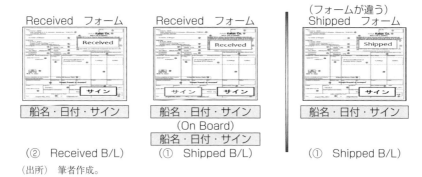

（出所）　筆者作成。

いるものを「受取船荷証券（Received B/L）」とよび，これは本船の出航前に船会社が荷主に対し，「貨物を受け取った」として B/L を発行するもので，記載の本船に積まれるかどうかは定かではなく，またいつ出航したのかも定かではありません。この B/L は通常 L/C 取引の場合には使用されません。

　次に「Received フォーム」に先ほどと同じく船名，B/L 発行日とサインが入っているもので，かつ，一番下の「On Board 欄」に，さらに船名，日付，サインが入っている B/L を「船積荷証券（Shipped B/L）」とよび，これは本船が確かに当該貨物を同船に積み込み出航したと証明している B/L です。通常 L/C 取引に使用されるのは，こちらの B/L です。

　最後に「Shipped フォーム」（**図表 6 - 5** の右側の 1 枚）で作られた B/L に船名，B/L 発行日とサインが入っているものは，「船積荷証券（Shipped B/L）」となります。この B/L フォームは本船出航後にしか発行されず，出航前の貨物受け取り時には発行されません。この B/L も，通常 L/C 取引に使用することは可能です。

　前述の B/L 左上の「Shipper（荷送人）欄」，「Consignee（荷受人）欄」，「Notify Party（通知先）欄」の記入の仕方ですが，シンプルな貿易で A 社が輸出者で荷送人，B 社が輸入者で荷受人の場合，**図表 6 - 6** の左側のように記入します。このように記入された B/L を「記名式船荷証券（Straight B/L）」とよびます。通常，「電子送金」とよばれる決済方法で，輸入者側から輸出者の銀行口座に貨物の代金が支払われる場合，貨物は A 社から B 社にストレートに渡

図表6-6 ①記名式船荷証券（Straight B/L）と②指図式船荷証券（Order B/L）

① 記名式船荷証券 (Straight B/L)	② 指図式船荷証券 (Order B/L)
(Shipper)　　　　：A社 (Consignee)　　：B社 (Notify Party)　：B社	(Shipper)　　　　：A社 (Consignee)　　：To Order (Notify Party)　：B社

（出所）　筆者作成。

されることから，この名称がつきました。

　これに対し決済方法がL/C取引の場合は，次のようになります。すなわち
B/Lは輸出者から，輸出側銀行・輸入側銀行を介して輸入者へ渡ります。逆
に支払いは輸入者から，輸入側銀行・輸出側銀行を介して輸出者へ支払われま
す。この場合，B/Lの記載方法は**図表6-6**の右側のように記入します。

　A社が輸出者で荷送人であるのは同じなのですが，荷受人の欄には「To
Order」，「To Order of Shipper」，「To Order of Bank」のように記載されます。
これは「荷受人は，荷送人の指図により決定」，「荷受人は，銀行の指図により
決定」との意味で，お金を支払うまで荷受人はいつでも変更可能であるとの意
味も含みます。これが**図表6-6**の右側の，②「指図式船荷証券（Order B/L）」
とよばれるものです。B社の名前は荷受人の欄には記載されませんが，通常
「Notify Party（通知先）欄」に記載されます。

図表6-7 ①無故障船荷証券（Clean B/L）と②故障付船荷証券（Foul B/L）

① 無故障船荷証券 (Clean B/L)	② 故障付船荷証券 (Foul B/L)
リマーク：なし	リマーク：あり

（出所）　筆者作成。

　前述の**図表6-3**「B/Lの中央部」⑰貨物明細のところでリマークの説明を
しましたが，リマークのないB/Lは「無故障船荷証券（Clean B/L）」とよばれ
ます。一方，リマークの入っているB/Lは「故障付船荷証券（Foul B/L）」と

よばれ，通常 L/C 取引の場合は，クリーン B/L 以外は取引に使用できません。

　これらの細かい取り決めは，何を根拠に作成されているのでしょうか。昔から慣習的に使用していた B/L ですが，20世紀に入り各国の船会社がばらばらに発行していた B/L を統一しようという動きが出てきました。そこで海の法律の国際的統一を目的として1897年に設立された国際機関の万国海法会（CMI：Comité Maritime International）において，船荷証券を統一しようとオランダのデンハーグで会議を開き，1924年に「船荷証券統一条約」が採択されました。この条約は通称「ヘーグ・ルール（Hague Rules）」とよばれています。

　アメリカは1936年にこの条件を批准し，日本は戦後の1957年に批准しました。この時できた国内法が「国際海上物品運送法」です。

　その後コンテナ船が普及し，この条約にいろいろと不都合が生じてきたので改定することとしました。こうしてできたのが「船荷証券に関するある規則の統一のための国際条約」で，ベルギーのヴィスビーで会議が開催されたため，通称「ヘーグ・ヴィスビー・ルール（Hague Visby Rules）」とよばれています。

　1977年に条約が発効しましたが，日本は1993年に先ほどの国内法を変更して「改正・国際海上物品運送法」を制定し，同条約を批准しました。アメリカは今でもこの改正条約を批准せず，「ヘーグ・ルール」のままです。したがって，日本で作られた B/L の約款はこの法律に準拠して作成されています。

　ここでヘーグ・ルール，ヘーグ・ヴィスビー・ルールを簡単に説明します。細かい内容は割愛しますが，船が操船ミス等で座礁・沈没（航海過失）し，貨物にダメージが起きても免責，船が予定どおり到着しない場合（遅延）も免責，火災が起きても（荷主が船側の過失を立証できなければ）免責等々と，かなり船側に有利となっている条約です。

　さらに貨物に損害が発生した場合，ヘーグ・ルールでは「1梱包当たりの船側が荷主に支払う損害賠償の責任限度額が100ポンド/梱包」と安く設定されています。ヘーグ・ヴィスビー・ルールでは，損害賠償の責任限度額は「1梱包当たり SDR666.67，またはキログラム当たり SDR2.00のどちらか高い方」と改定されました。

　SDR（Special Drawing Rights）とは国際機関の IMF（国際通貨基金）で定められ「特別引出権」とよばれる国際準備資産です。SDR はドル，ポンド，ユー

ロ，円，中国人民元の5つの貨幣で構成され，それを一定の比率で掛け合わせて算出されますが，日々貨幣のレートが変わりますので，SDRの価値も変わります。参考までに，上記の例を現在の日本円に換算すると，おおよそ「1梱包当たりSDR666.67＝10万円程度」，「キログラム当たりSDR2.00＝300円程度」となります。

海運条約は，その後国連が主体となり，海運国よりも荷主側に有利な「国連海上物品運送条約」通称「ハンブルグ・ルール（Hamburg Rules）」を採択し，1978年に発効しました。しかし世界の海運国はこの条約を批准せず，実質的には有名無実化しています。

さらに国連は，海運国も賛成できる新しい条約を目指し，「その全部または一部が海上運送である国際物品運送契約に関する条約」通称「ロッテルダム・ルール（Rotterdam Rules）」を採択し25カ国が署名しました。この条約が発効するためには20カ国が批准する必要がありますが，現在のところ批准したのは4カ国のみとなっています。ただし海運先進国であるアメリカやイギリスが批准したら一気に各国が批准する可能性があるので，今後どうなるか予想がつかないのが現状です。

さらに詳しくB/L約款の内容を知りたい方は参考文献にあるJIFFA（一般社団法人 国際フレイトフォワーダーズ協会：https://www.jiffa.or.jp/）で発行している運送書類解説書を見ることをお勧めします。

〈参考文献〉

『ジェトロ貿易ハンドブック』ジェトロ（日本貿易振興機構）。
『JIFFA運送書類（2013年改訂版）解説書』一般社団法人 国際フレイトフォワーダーズ協会。

■ 練習問題

(1) コンテナ船が，在来船に代わって世界で広く使用されるようになった理由について述べてください。

(2) 船荷証券（B/L）の3つの役割を述べてください。また，日本で作成されたB/Lの準拠法について述べてください。

第7章

港湾物流

| キーワード | 民営化　　港湾整備戦略　　AI ターミナル　　IoT
自動化 |

●本章の学びの目的

　四方を海に囲まれた日本では，産業活動や豊かな国民生活に不可欠なエネルギー資源や食料のほとんどを海外からの輸入に依存しています。このため，それらの物資を安定的に調達することは，日本の社会・経済にとって重要な課題となっています。海外と国内を結ぶ基盤施設である港湾は，産業活動や国民生活に必要な物資を安定的に供給する拠点として重要な役割を担っています。さらに，近年では経済活動のグローバル化に伴い，産業間の国際分業が進展し，日本と海外を行き来する物資も年々増大しています。こうした中で産業の国際競争力を支援する拠点として港湾の重要性はますます高まっています。

　本章では，港湾の重要性を踏まえながら港湾の役割と機能についての理解を深めるとともに，港湾の管理・運営体制の形態と特徴，国際港湾としての競争力強化に向けた港湾整備戦略について解説します。さらに，近年さまざまな分野で導入されている IoT や AI などの情報通信技術を活用した次世代型港湾整備も進んでいることから，その整備事例についても併せて解説します。

1　港湾とは何か

（1）　港湾の役割

　港湾は，自然的な地形または人工的な構造物によって外海と隔てられる水域に船舶の停泊や貨客の積み下ろしなどのための設備が整備されている場所であ

り，日本の経済・社会において大きな役割を担っています。天然資源が乏しい日本が高い水準の経済を維持していくためには，海外との貿易が不可欠です。

四方を海に囲まれた日本では，輸出入貨物のほとんどが港湾を経由して世界各地に輸送されています。このため，輸出入貨物の受入窓口である港湾は日本の経済を支える産業基盤として重要な役割を担っています。さらに近年では，日本企業の海外進出が増加するにつれ，エネルギー資源や食料などの天然資源に限らず，繊維製品や家電製品といった工業製品の輸出入も増加するなど，さまざまな物資の供給拠点としての役割も果たしています。このように，港湾が日本の経済活動に対して大きなインパクトを与えているのです。

また，社会的な側面においても港湾の役割が注目されています。1995年の阪神淡路大震災や2011年の東日本大震災，2016年の熊本地震において内陸の交通網が広範囲にわたり寸断され，被災地への救援物資の輸送に支障が生じていたことは記憶に新しいことです。大規模災害が発生した際に，国民の生命と生活を守るためには，さまざまなモノが不足する被災地への素早い支援が必要不可欠です。大規模災害による被害は広範囲にわたるため，大量の救援物資を迅速に被災地へ輸送し，それを管理・供給できる支援拠点としての港湾の役割が重要視されています。

このように，日本において港湾は，産業活動や国民生活に不可欠な物資輸送を通じて日本の社会経済を支える産業基盤としての役割を果たしていると同時に，災害が発生した際には，救援物資の輸送などを通じて国民の生命と生活を守る広域支援拠点として重要な役割を担っています。

（2）　港湾の機能

港湾は，暴風雨やしけなどから船舶を中心とした経済活動が阻害されないように安全を確保するとともに，物資の荷役や旅客の乗降といった目的を達成するため，係留施設や防砂堤，荷捌き施設，旅客ターミナル施設などが整備されています。このように，港湾の最も基本的な機能は，船舶が安全に出入りし，停泊できるようにする安全確保機能と，物資や旅客を海上輸送から陸上輸送へと切り替える転換機能となっています。この他にも船舶の航行に資する燃料や清水，船用品などを補給する航行支援機能，鉄くずや廃プラスチック，古紙な

ど再利用が可能な循環資源を収集・輸送する資源の循環機能も港湾の重要な機能となっています。

　しかしながら，港湾を取り巻く環境の変化に伴い，港湾に求められる機能も大きく変化しています。とくに東アジアでは国際ハブ港湾をめぐる港湾間競争が熾烈化しているため，貨物の需要創出が港湾において重要な課題となっています。

　日本の港湾においても貨物の需要創出を目指し，さまざまな取り組みが行われています。その取り組みの一例として港湾の背後地に輸出入貨物を加工したり，組み立てたりする流通加工施設の整備が進められており，新たな付加価値を提供することにより港湾の競争力を高める機能として流通加工機能も港湾の機能として重要視されています。

　日本の港湾と競合している韓国や中国の港湾では，港湾貨物の需要を創出するため，港湾の背後地に自由貿易地域（Free Trade Zone：FTZ）を整備し，付加価値の高い物流サービスを提供するなど，港湾の流通加工機能を強化しています。さらに，世界的に有名な国際ハブ港湾では，貨物取扱量の半数以上をトランシップ貨物が占めており，その取扱いが重要視されるようになっています。トランシップは，国際航路が少ない地方港湾としては世界とつながる航路の確保を意味するものです。そのため，国際ハブ港湾におけるトランシップ機能は地方の産業活性化に貢献する機能として位置づけることができます。このように時代の変化に伴い，港湾に求められる機能も大きく変化しているのです。

（3）　港湾の分類

　近年，社会構造が複雑化するにつれ，それに対応する港湾の種類も多様化し，さまざまな基準で港湾が分類されています。一般的な港湾の分類は，用途や地勢，経済機能，法令などによって分類されます。港湾の代表的な分類としては，用途による分類と，地勢による分類，港湾法による分類を中心として，その概略を解説します。

①　用途による分類

　港湾の使用目的によって分類するもので，商業港や工業港，漁港，船車連絡

港，レクリエーション港，軍港，避難港に分類されます。これらの港湾は，使用目的によって利用する船舶の種類も異なることから，港湾を利用する船舶の種類による分類とも言います。これらの港湾のうち，コンテナ船やRORO（Roll-on Roll-off）船などの船舶を利用し，国内外の貿易貨物を輸送する港湾のことを商業港と言います。さらに，商業港は，運航スケジュールに従って特定航路に就航する船舶が利用する定期船港（Liner Port）と，貨物需要に応じて随時就航する船舶が利用する不定期船港（Tramp Port）に分けられています。日本を代表する東京港や横浜港，神戸港などは定期船港となっています。

　工業港は，各種タンカーや鉱石・セメント専用船，木材船などの船舶で輸送される原材料や工業製品などを取り扱う港湾であり，生産活動の一部を分担しています。代表的な工業港としては，川崎港や千葉港，鹿島港などがあります。近年，港湾機能の多様化に伴い，商業港の機能と工業港の機能を併せもつ商工混成港が大都市港湾では多く見られます。

　漁港は，漁業の拠点となる港湾であり，漁船の停泊や水産物の陸揚げなどを行うために整備された港湾です。2018年4月現在，日本国内には2,823の漁港が整備されており，これらはまた，漁港法（1950年法律第137号）によって経済性や将来性の面から重要度が低い順に第1種漁港（地元中心）から第3種漁港（全国），第4種漁港（漁船の安全確保に必要）に分けられています。

　船車連絡港は，海峡や湖などの両岸を結ぶための港湾で，貨物の他に自動車や旅客などを輸送するフェリーが利用しています。そのため，船車連絡港はフェリーターミナルとよばれています。日本国内の主な船車連絡港は，青森港や高松港，北九州港（新門司）などがあり，国際航路では，下関港や博多港，大阪港などが船車連絡港として有名です。

　レクリエーション港は，レジャーを目的として利用するヨットやモーターポート，遊覧船などの船舶が利用する港湾です。ヨットやモーターポートなどを係留したり，保管したりする機能をもつ港湾はマリーナとよばれています。代表的なレクリエーション港として東京の東京夢の島マリーナや神奈川県の江ノ島ヨットハーバー，福岡県の小戸ヨットハーバーなどがあります。

　軍港は，軍事上の目的を遂行するために整備された港湾であり，主に艦艇の係留や修理，補給などを行っています。日本の代表的な軍港としては，横須賀

港や佐世保港，舞鶴港，呉港などが有名です。

　避難港は，暴風雨やしけなどの気象悪化により安全な航行ができない時，小型船舶の安全を確保することを目的とした港湾で，全国に36の港湾が避難港として指定されています。避難港の指定条件としては，貨物の荷役または旅客の乗降の用に供せられない港湾のうち，小型船舶の避難に必要とされる港湾が対象となっています。

　政府の物流政策の側面から見ると，その対象となる港湾は，商業港と工業港であり，これらの港湾は日本国内の経済活動や国民生活において重要な役割を担っています。その他の港湾も国民の余暇生活や安全などを確保するうえで重要な役割を担っています。

②　地勢による分類

　港湾が立地している地勢によって分類するもので，沿岸港や河口港，河港，湖港などがあります。沿岸港は，海岸線沿いに立地している港湾であり，海岸線の至るところに湾や入江が存在している日本においては，沿岸港の整備に適した地勢が数多く存在しています。そのため，日本の港湾は湾や入江を中心に整備された沿岸港が主流となっています。沿岸港とともに，日本に多く存在する港湾として河口港があります。河口港は，河川と海が接する河の入口に整備された港湾として，従来から内陸と海を結ぶ港湾として栄えてきました。日本の代表的な河口港は，信濃川の新潟港や神通川の富山港，最上川の酒田港などがあります。しかし，背後圏経済の発展に伴い，海側へと港湾が拡大する事例も少なくありません。その代表的な港湾が，墨田川の東京港や淀川の大阪港などです。これらの港湾は河口港でしたが，背後圏経済の発展に伴い，河川から沿岸へと港湾が拡大した事例です。日本の産業活動や国民生活を支える港湾は大部分が沿岸港と河口港です。

　河港は，河岸に整備された港湾のことです。日本の河川は，河の幅が狭く水深も浅いことから，大型船舶が航行できるような河川はほとんどありません。しかし，海外では河港が貨物輸送や旅客輸送の中核を担っている場合もあります。河港として有名な港湾は，イギリスのロンドン港やオランダのロッテルダム港，ベトナムのホーチミン港などです。

　湖港は，湖に面して整備された港湾で，日本には港湾が整備されるほどの大きな湖が少ないため，日本の湖港は一部に限定されています。日本の代表的な湖港としては，茨城県に立地する霞ヶ浦の土浦港，滋賀県に立地する琵琶湖の大津港です。米国ではミシガン湖岸にあるミルウォーキー港やシカゴ港が有名です。

③　港湾法による分類

　港湾に関連する法令として，港湾法や漁港法，関税法など行政目的によってさまざまな法令が制定され，それぞれの目的に合わせて港湾を定義しています。ここでは，港湾の整備と適正な運営を図る観点から港湾を分類します。港湾法による分類について解説します。

　港湾法による分類は，それが制定された1950年当初は特定重要港湾と重要港湾，地方港湾の3つに分類されていましたが，港湾の競争力強化などを図る目的として61年ぶりとなる2011年4月に港湾法の改正が行われました。その改正により従来の特定重要港湾を国際拠点港湾に改めるとともに，新たに国際戦略港湾が追加されました。港湾法の改正後，法律上の港湾の種類は4つとなりました。この他にも港湾法で定められている港湾として，港湾法第56条による56条港湾と避難港があり，港湾法による港湾は6つとなっています。2011年4月の改正により新たに追加された国際戦略港湾は，海上コンテナ輸送に係る長距離の国際海上貨物輸送網を有する港湾で，かつ，国際海上貨物輸送網と国内海上貨物輸送網を結節させる機能が高く，国際競争力の強化を重点的に図る必要があるとして政令で定められた港湾です。国際戦略港湾として東京港および川崎港，横浜港，大阪港，神戸港が指定されています。

　国際拠点港湾は，前述の国際戦略港湾を除く港湾であり，国際海上貨物輸送網の拠点として政令で定める港湾です。改正前の港湾法では特定重要港湾として分類されていましたが，改正後は5つの国際戦略港湾を除く苫小牧港や千葉港，清水港，名古屋港，広島港，北九州港，博多港など18の港湾が国際拠点港湾として指定されています。

　重要港湾は，国際戦略港湾および国際拠点港湾を除く港湾であり，他国との利害に重大な関係を有する海上輸送網の拠点として政令に定められた港湾です。

重要港湾としては，金沢港や舞鶴港，宇部港，佐世保港，志布志港などがあり，102の港湾が指定されています。

　地方港湾は，前述の国際戦略港湾および国際拠点港湾，重要港湾を除く港湾であり，地域における海上交通の拠点として政令で定められた港湾です。2019年 4 月現在，807の港湾が指定されています。また，地方港湾のうち，気象悪化などから小型船舶の安全を確保するための目的として政令で定められた避難港があり，東京都の洞輪沢港や福岡県の大島港など35の港湾が指定されています。

　さらに，港湾区域として定められていない港湾を港湾法第56条第 1 項により都道府県知事が港湾水域として定め，公告した第56条港湾があります。地方港湾に該当しない小規模な港湾が多く，全国に61の港湾が第56条港湾として指定されています。

　港湾法によって分類された港湾は，港湾整備において事業費の分担割合や国からの補助率などが大きく異なります。そのため，地域への工場誘致などに伴う大規模な港湾整備事業を行う際には，どのような港湾として指定されている

図表 7 - 1　港湾法による各港湾の数および港湾管理者（2019年 4 月現在）

区分	総数	港湾管理者					都道府県知事
		都道府県	市町村	港務局	一部事務組合	計	
国際戦略港湾	5	1	4	0	0	5	―
国際拠点港湾	18	11	4	0	3	18	―
重要港湾	102	82	16	1	3	102	―
地方港湾（うち避難港）	807（35）	504（29）	303（6）	0（0）	0（0）	807（35）	―
計（うち避難港）	932（35）	598（29）	327（6）	1（0）	6（0）	932（35）	―
56条港湾	61	―	―	―	―	―	61
合　計	993	598	327	1	6	932	61

（出所）　国土交通省港湾局（2019）『港湾管理者一覧表』 1 頁。

かが重要となります。

2　港湾の管理運営と整備

（1）　港湾施設の管理主体

　港湾管理の主体は，港湾法の制定以前までは国が開発・管理を行ってきました。そのため，当時の政府政策は，経済性の向上より富国強兵などに焦点が合わせられていたことから，港湾管理もそれに対応した体制が確立されていました。

　しかし，港湾の基本法である港湾法の制定に伴い，その管理主体は，従来の国から地方公共団体などへと，その管理権が移行されています。港湾の管理組織は，各港湾の実情によって異なっており，主に港務局（ポートオーソリティ），都道府県または市町村，一部事務組合の3つの形態で港湾管理者が設立されています。そのうち港務局は，戦後の連合軍令部が港湾管理主体の民主化を図る目的として導入された港湾管理組織であり，ヨーロッパや北米で広く普及している民間主体の独立法人です。

　しかしながら，港務局による港湾管理は，日本の港湾行政に馴染まない面が多いため，日本ではあまり普及せず，日本では新居浜港のみでほとんどの港湾は都道府県または市町村が港湾管理者となっています。都道府県または市町村が港湾管理者となっている場合は，地方公共団体が単独で港湾管理を行っています。2019年4月現在，都道府県が港湾管理を行っているのは39の港湾であり，港湾管理者全体の7割以上である120の港湾は市町村が単独で管理を行っています。すなわち，港湾管理者の9割以上が都道府県または市町村によって管理されているのです。

　この他の港湾管理組織として一部事務組合があります。一部事務組合は，都道府県および市町村が港湾管理業務の一部を共同で行うことを目的として設置した組織であり，日本には6つの港湾管理組合が設置されています。その代表的な港湾管理組合として苫小牧港管理組合や名古屋港管理組合，境港管理組合，那覇港管理組合などがあります。このように日本の港湾管理主体は，公的機関

である地方公共団体が港湾管理の主体となっているのが大きな特徴となっています。

（2） 港湾の運営形態

日本における港湾運営は，港湾管理者や埠頭公社のように公共セクターが港湾を運営する方式と，国家または港湾管理者と長期貸付契約を結んだ民間企業が港湾を運営する方式に分類されます。近年，東アジア諸国港湾との競争激化に伴い，民間の能力を活用した一体的かつ効率的な港湾運営が重要となってきました。こうした状況を受けて国土交通省は，2011年に港湾法の改正を行い，民間の創意工夫を生かした効率的な港湾運営に資することを目的とした港湾運営会社制度を導入するなど，港湾運営の民営化に向けた動きが加速しています。

本項では，港湾管理者や埠頭公社が港湾運営主体となっている公共セクターによる港湾運営方式と民間企業が港湾運営主体となっている民間企業による港湾運営方式について解説します。

① 公共セクターによる運営方式

港湾法の制定以降，港湾管理者が港湾運営を行ってきました。その後，港湾運営に関する改革が実施され，今日では公共セクターによる港湾運営は，公共方式と公社方式，新方式の3つの運営方式が採用されています。

港湾法の制定によって採用された公共方式は，港湾管理者が港湾施設の整備から運営を一貫して行う方式です。港湾管理者が整備・運営する港湾施設を利用しようとする民間のターミナルオペレーターや船社，港湾運送事業者は，港湾管理者からの使用許可を受けることが必要になります。ほとんどの地方港湾の運営は，公共方式が採用されています。

もう1つの港湾運営方式として，埠頭公社が港湾を運営する公社方式があります。公社方式は，公共方式とは異なり，港湾管理者が保有する行政資産の専用貸付けを受けた埠頭公社が港湾施設の整備・運営を一貫して行う方式です。しかし，港湾公社は，2000年以降釜山港や上海港などのアジア諸国の港湾の飛躍的な成長に伴い，日本の港湾は相対的に地位が低下しました。これを背景に，港湾経営の効率化を図り，国際競争力の高い港湾を目指すため，2008年から東

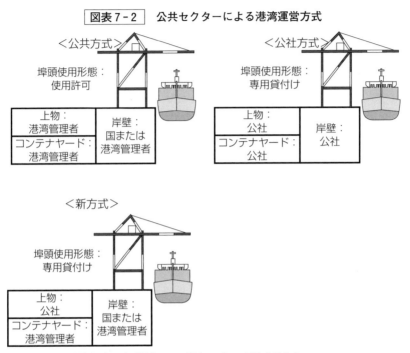

図表7-2 公共セクターによる港湾運営方式

（出所）　日本港湾協会（2019）『数字でみる港湾2019』122頁を参照作成。

京港埠頭公社をはじめとし，各埠頭公社の民営化が進められてきました。現在は，東京港や横浜港，名古屋港などにあった埠頭公社は埠頭株式会社として生まれ変わっています。

　これらの港湾運営方式以外にも国家または港湾管理者が整備した港湾施設を埠頭公社が専用貸付けにより運営する新方式があります。この方式が採用された港湾においては，埠頭公社はコンテナヤードを専用的に使用することができます。しかし，新方式による港湾運営も港湾公社の民営化に伴い，民間企業による港湾運営方式に変更となりました。そのため，事実上は公共セクターによる港湾運営方式は，公共方式のみとなっています。

②　民間企業による運営方式

　民間企業による港湾運営方式は，特定埠頭運営事業による港湾運営方式と，

2011年 3 月に改正された港湾法および特定外貿埠頭の管理運営に関する法律に基づいて導入された港湾運営会社による港湾運営方式に分けられます。特定埠頭運営事業による港湾運営方式は，国家または港湾管理者が整備した港湾施設の運営を長期貸付けにより民間企業に委ねる方式です。港湾管理者から指定された民間企業は，最大30年間にわたって港湾施設の運営を行うことができます。この事業を活用し，港湾運営を行っていた代表的な港湾としては，福岡県の博多港と岡山県の水島港がありますが，両港湾とも2014年 4 月に改正港湾法に基づいて港湾運営会社が運営する港湾として指定され，現在では博多港埠頭株式会社と水島港国際物流センター株式会社という港湾運営会社がそれぞれの港湾を運営しています。

　港湾運営会社による港湾運営方式も国家または港湾管理者が整備した港湾施

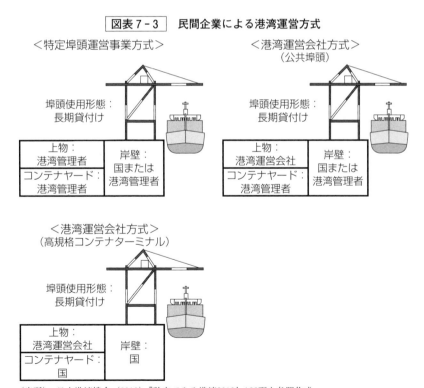

図表 7 - 3　民間企業による港湾運営方式

（出所）　日本港湾協会（2019）『数字でみる港湾2019』122頁を参照作成。

設の運営を民間企業に委ねる方式で，特定埠頭運営事業による港湾運営方式と類似しています。しかし，同運営方式では，荷役機械や管理棟，ゲートなどの上物施設を民間企業が整備するのに対し，特定埠頭運営事業による港湾運営方式では上物施設も港湾管理者が整備する点が大きな違いです。また，国際戦略港湾の港湾運営会社に対して政府出資ができるほか，上物施設の整備に必要な資金の無利子貸付制度および税制上の特例措置の適用対象となっています。国からの出資を受けた港湾運営会社は特定港湾運営会社とよばれており，京浜港（横浜港・川崎港）を運営する横浜川崎国際港湾株式会社と，阪神港（大阪港・神戸港）を運営する阪神国際港湾株式会社が特定港湾運営会社として指定されています。

（3）　港湾運営会社制度の概要

　近年，アジア地域では国際ハブ港の座をめぐって港湾間の競争が激しさを増しています。一方，日本の港湾はそれらの港湾の勢いについていけず，世界的な地位が大幅に低下しています。

　こうした状況を踏まえ，国土交通省はアジア諸国の港湾に劣らない港湾運営に向け，2011年3月31日に「港湾法及び特定外貿埠頭の管理運営に関する法律の一部を改正する法律」を公布・一部施行しました。同法律では港湾の国際競争力の強化などを図るとともに，民間企業のノウハウを生かした効率的な港湾運営を目指してコンテナ埠頭などを一体的に運営することができる港湾運営会社制度を創設しました。同制度の導入に伴い，港湾管理者の100％出資で設立された外貿埠頭公社が株式会社化され，民間企業の資金やノウハウを活用し，必要な港湾施設の整備や民間の創意工夫あふれる港湾運営が可能となりました。

　しかし，この制度では東京港や横浜港，大阪港などの5つの国際戦略港湾と，博多港や広島港，名古屋港，千葉港，仙台塩釜港，苫小牧港などの18の国際拠点港湾においてのみ，港湾運営会社の設立が可能となっているのです。

　港湾運営会社として指定された民間の港湾運営会社には，港湾運営に関わる費用負担の軽減のため，多様な優遇措置が講じられています。その優遇措置としては，これまで埠頭公社などに限定されていた無利子貸付金の貸付けや高規格コンテナ埠頭など国有財産の低価格での貸付け，荷役機械整備への支援など

です。また，港湾運営会社には，港湾施設の料金決定権が与えられ，港湾利用者から料金を徴収したり，重点顧客である荷主や船社などに対する営業活動を行ったりすることも可能です。

　さらに，港湾管理者が策定する港湾計画の変更を提案する権限が与えられ，計画段階から積極的に関わることができるなど，港湾運営会社には港湾の運営や整備に関して大きな権限が与えられています。2018年 4 月現在，横浜川崎国際港湾株式会社と阪神国際港湾株式会社を含む合計 9 つの民間企業が港湾運営会社として指定され，港湾運営を行っています。

（4）　港湾整備戦略

①　国際コンテナ戦略港湾

　2000年以降，釜山港や上海港など東アジア諸港の躍進により，日本の港湾は，相対的な地位が大幅に低下していきました。こうした状況を受け，国土交通省は2009年10月に成長戦略会議において，東アジア諸港に比べても遜色のないコスト・サービスの実現を目指すため，国際コンテナ戦略港湾を「選択」し，それに「集中」投資を行うことを決定しました。これに基づいて2010年 8 月には，国内貨物の集荷計画などの選定基準に基づき，京浜港（東京港，川崎港，横浜港）および阪神港（大阪港，神戸港）を国際コンテナ戦略港湾として選定しました。これらの国際コンテナ戦略港湾は，2020年までにアジア諸港に並ぶ港湾コストとサービス水準を実現させ，東アジア主要港として選択される港湾を目指して整備が行われることになっています。これを実現するためには，基幹航路の維持・強化と大型コンテナ船への対応などが重要な課題となります。

　基幹航路の維持・強化においては，国際コンテナ戦略港湾をつなぐフィーダー網の整備が進められており，阪神港では2018年 6 月現在までに内航海運によるフィーダー航路を従来の68便/週から102便/週に，京浜港も2016年 3 月に33便/週だったフィーダー航路を2018年 6 月には48便/週に増加させました[注1]。また，2014年以降は，港湾機能高度化施設整備事業[注2]を活用し，国際コンテナ戦略港湾の背後への物流施設の誘致・集積による集荷機能の強化も図られるなど，基幹航路の維持・強化に向けた取り組みがなされています。

　大型コンテナ船への対応においては，近年の基幹航路では8,000TEU 以上の

大型コンテナ船が主流となっており，これらの船舶に対応するためには水深16メートル以上の大水深コンテナ埠頭の整備が不可欠となっています。こうした状況を踏まえ，国際コンテナ戦略港湾では，コンテナ船の大型化に対応すべく，大水深コンテナ埠頭の機能強化が図られています。さらに，コンテナ埠頭の競争力を高めるため，公共が港湾インフラを整備し，その運営を港湾運営会社に委譲するという公設民営化も推進されるなど，国際コンテナ戦略港湾を東アジア地域のハブ港湾として育成するという戦略の下で港湾整備が進められています。

② 国際バルク戦略港湾

　資源の乏しい日本は，鉱物資源やエネルギー資源，穀物などを海外からの輸入に依存しており，これらの資源を安定的かつ安価に調達することが極めて重要な課題の１つとなっています。これらのバルク貨物を取り扱う港湾の大半は，民間企業が管理・運営する専用岸壁であることから，資源の輸入は民間企業に委ねられており，これまでの港湾政策も個別企業の合理化に焦点が合わせられ，その促進に対する支援がほとんどでした。しかし，近年では中国やベトナムなど新興国の経済発展に伴い，資源の獲得をめぐる競争が激しさを増しており，民間企業だけでは資源を安定的かつ安価に確保することは困難になってきました。こうした状況を踏まえ，国土交通省は国内の産業活動や国民生活において必要不可欠な資源を安定的かつ安価に供給することを目的とした国際バルク戦略港湾政策を制定しました。

　その後の国土交通省は，国際バルク戦略港湾の選定を行い，2011年5月に対象港湾を決定しました。鹿島港と志布志港，名古屋港，水島港，釧路港の5つの港湾を穀物の安定的かつ安価に供給する拠点港湾として指定しました。この他にも木更津港と水島港・福山港は鉄鉱石の戦略港湾として，徳山下松港・宇部港と小名浜港は石炭の戦略港湾として指定しました。国際バルク戦略港湾として指定された港湾は，2020年までにバルク貨物の輸送効率化を視野に，大型船舶の入港に対応できる岸壁などの整備と，企業間連携による共同輸送の実現を目指しています。

　大型船舶への対応策としては，満載での入港に必要な岸壁水深の確保に向け，

穀物の戦略港湾においてはポストパナマックス船（水深17メートル程度）への対応に取り組んでおり，鉄鉱石の戦略港湾では VLOC（Very Large Ore Carrier：水深23メートル程度），石炭の戦略港湾ではケープサイズ船（水深19メートル程度）と，それぞれの貨物輸送船に対応できるような岸壁の整備が行われています[注3]。このように国際バルク港湾を選定し，それに集中的に投資することで，国内産業の持続的な発展と安定した国民生活に寄与することを目的として港湾整備が進められています。

③　日本海側拠点港湾

　近年，中国をはじめとする日本海側対岸諸国は，著しい経済発展を遂げており，2007年以降は中国が日本最大の貿易相手国であった米国を抜いて首位に浮上してきました。こうした周辺国の勢いを日本の経済発展に取り込むべく，国土交通省は2010年11月より日本海側港湾のあるべき姿について検討を行ってきました。その結果を踏まえ，2011年11月には日本海側に位置する港湾のうち，特徴ある機能をもつ19の港湾を輸送モードと貨物の種類ごとに拠点港湾として選定しました。

　輸送モードの観点では，国際海上コンテナ船や国際フェリー・国際 RORO 船，外航クルーズ，国際定期旅客が取り上げられており，貨物の種類においては原木をはじめとし，日本海側港湾特有のエネルギー資源やリサイクル資源の輸送拠点機能が取り上げられました。さらに，日本海側拠点港湾のうち，規模が大きく総合的に機能の強化を図ることが望まれる新潟港や伏木富山港，下関港，北九州港，博多港の５つの港湾を総合拠点港湾として指定しました。

　日本海側拠点港湾として指定された港湾では，港湾管理者が港湾関係者と協力して策定した拠点港湾の形成に向けた計画書に基づき，既存ストックを有効活用しつつ，ターミナルの拡充や大型船舶への対応などを通して日本海側対岸諸国をつなぐ国際定期航路の拡充に取り組んでいます。国土交通省も港湾管理者の計画の実現を後押しするため，１年に１回程度委員会を開催し，計画の進捗状況などについてフォローアップを行っています。また，2011年３月11日に起きた東日本大震災を踏まえ，災害に強い物流ネットワークの構築にも取り組んでいます。

3　新技術を活用した次世代港湾整備

　近年，船会社のアライアンス再編や船舶の大型化などに伴い，基幹航路においては寄港地の絞り込みが進んでいます。基幹航路を維持・拡大していくためには，港湾の生産性向上と定時性の確保が重要となります。こうした状況を踏まえ，国土交通省は2018年7月に発表した中長期政策「PORT2030」の中に，IoTやAI，自働化技術を組み合わせたAIターミナルの整備を推進するという内容を盛り込みました。これにより，港湾分野においてもICT（情報通信技術）を活用した物流効率化の取り組みが加速することとなりました。

　本節では，港湾物流の効率化および生産性の向上を図るために取り組まれているIoTやAI，自動化に向けた取り組みについて解説します。

（1）　IoTの活用

　近年，基幹航路では寄港地の絞り込みが進んでおり，その寄港地では貨物が集中し，ターミナルゲートでの渋滞や着岸時間の長期化などが港湾サービスの低下につながっています。こうした課題の改善策として国土交通省は，IoT（Internet of Things）の活用によるコンテナ搬出入処理能力の向上に取り組んでいます。すなわち，IoTを活用して港湾物流に関わる貨物情報やドライバー情報，車両位置情報を事前に紐づけし，それを有効的に活用することで，ターミナルゲートでのブルウィップ効果^(注4)を解消し，荷役や着岸時間の短縮による高い港湾サービスの実現を図っています。

　国土交通省は，ターミナルへの入場手続の簡素化やゲート前の混雑緩和，コンテナ輸送の効率化などを図るため，2019年からIoT導入を促進しており，これを踏まえて各港湾ではIoT導入に向けたさまざまな取り組みを行っています。

　その中でも代表的な事例として，横浜港南本牧埠頭の事例があげられます。南本牧埠頭では，2018年から関東地方整備局が開発したCONPAS（Container Fast Pass）に事前登録された貨物情報やドライバー情報，車両情報を活用し，入場手続の簡素化に取り組んでいます。CONPASに事前登録したドライバー

は，入場ゲートで PS（Port Security）カードをかざすだけで入場手続が完了するため，入場待ち時間が大幅に短縮されました。また，ターミナルの手前に設置された ETC 情報も併せて活用することにより，トレーラーが到着する前に事前荷繰り指示を出すことが可能となり，従来に比べて貨物の搬出に必要な準備時間が確保できるなど，ゲート処理の迅速化やヤード内荷役作業の効率化などを実現しています[注5]。

このように南本牧埠頭では，IoT 技術の活用により，入場手続の簡素化や事前荷繰り指示などが可能となったことで，常態化していたゲート前の混雑が緩和され，コンテナ輸送の効率化を実現させています。こうした結果を踏まえて2019年 6 月からは搬入ゲートでも実証実験が行われており，2023年までにターミナルゲートでの待機をほぼ解消するとともに，ターミナル内作業の「見える化」を図っています。

図表 7 - 4　南本牧埠頭における IoT の活用事例

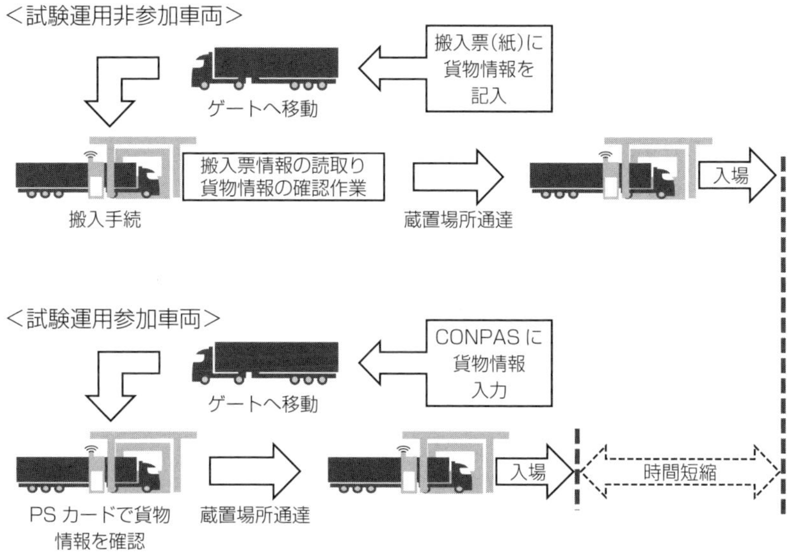

（出所）　関東地方整備局港湾空港部『海上コンテナ輸送と ICT〜港湾情報システム "CONPAS" を活用した物流効率化〜（2019年 1 月17日）』を参照作成。

（2） AIの活用

　最先端技術が世界的に拡大していることを踏まえて国土交通省は，AI（人工知能）を活用した世界最高水準の生産性と労働環境の良いAIターミナルの構築に取り組んでいます。その実現のため，2019年3月には具体的な目標と工程を策定・公表しました。そのうち，AIの活用においては，3つの方向性が打ち出されています。

　まず，1つ目の方向性としては，少子高齢化の進展により，港湾労働者の確保が困難になりつつある中，世界最高の荷役ノウハウをもつ熟練技能者の経験値をAIで分析し，暗黙知の定式化を図っています。熟練者の技能を蓄積することにより，世界最高の荷役ノウハウを若手技能者に継承し，高いレベルの港湾サービスの提供を目指しています。

　2つ目の方向性としては，船舶が大型化するにつれ，港湾で処理する貨物量も増えています。このように膨大化する貨物量を人間が処理するには限界があるため，過去の搬入・搬出日時や品名，荷主名などのビッグデータをAIで分析し，コンテナの蔵置場所や荷役機械などの配置・作業タイミングの最適化を図るなど，ターミナルオペレーションの効率化を図っています。

　3つ目の方向性としては，荷役などに際してコンテナが受けるダメージが輸送の安全性に関わる重大な問題となり，そのチェック基準のばらつきや目視のチェックなどによって作業負荷が増大しています。こうした課題を改善するため，過去のダメージ画像のビッグデータをAIで分析し，自動的にダメージの有無を判別することで，チェック品質の向上や労働環境の改善を図っています。

　AI技術を活用した取り組みとして，暗黙知の定式化とダメージチェックの効率化については，2018年までに技術的な基礎調査が行われており，システムの構築や実証実験は2019年から実施される予定となっています。ターミナルオペレーションの最適化においては，2020年までにシステムの構築ならびに実証実験を完了させ，2021年から全国のコンテナターミナルへの導入を促進していく予定でAIターミナルの構築に取り組んでいます。

（3）　自動化の活用

　将来の労働者人口減少や高齢化，船舶の大型化による貨物処理量の増大が予想される中，これらの問題への対応が求められています。こうした状況を踏まえて国土交通省は，IoT や AI の活用とともに，港湾の作業効率を向上させる施策として港湾作業の自動化も推進しています。港湾作業の自動化に向けた取り組みとしては，自動搬送台車（以下，AGV）を活用したコンテナターミナル内の運搬作業の効率化とラバータイヤ式の門型クレーン（以下，RTG）の遠隔化・自動化による荷役作業の効率化が図られています。

　早くから自動化を進めてきた名古屋港の飛島埠頭では，ターミナル内の荷役作業の効率化を図るため，日本初の AGV と世界初の遠隔自動 RTG を導入し，自動化ターミナルとして高い港湾サービスの提供を図ってきました。2008年に導入した AGV は，ガントリークレーンなどと連携し，ジャスト・イン・タイムで配車制御されるため，荷役作業時間の削減に大きく貢献しています[注6]。また，一旦停止や加速減による燃料消費の低減や行先へ向かう最適ルートの選択など，搬送能力の向上によるターミナルの生産性向上につながっています[注7]。遠隔自動 RTG は，操縦者が高所に設けられたクレーンの操縦室で操作することなく，快適に作業ができる事務所でレバーを操作するだけで，コン

図表 7-5　名古屋港飛島埠頭が運営している自動搬送台車（右）と遠隔自動RTG（左）

（出所）　名古屋港管理組合提供。

テナの積み下ろしが可能であるため，労働環境も従来と比べて大幅に改善されています。

　また，横浜港では，2016年から遠隔自動RTGの導入に向け，有人の場合と同等の安全性が確保できるかどうかを重ねて検討してきました。その検討結果を踏まえ，横浜港も2019年から遠隔自動RTGを本格的に導入することを決定しました。国土交通省は，横浜港をはじめとし，2019年から全国のコンテナターミナルに遠隔自動RTGの導入促進を進めています。

4　ま　と　め

　多くの物資を海外に依存している日本にとって港湾は，国内の産業活動と国民生活を支える礎として大きな役割を果たしています。また，自然災害においては，国民の生命と生活を守る広域支援拠点としての役割も担っています。近年，港湾を取り巻く環境の変化に伴い，港湾の役割や機能も多様化しており，それに対応するためにさまざまな港湾が整備されつつあります。近年では東アジア諸国港湾とハブ港をめぐる競争が激化しており，日本港湾の地位は相対的に低下してきました。グローバル船社による寄港地の絞り込みが進む中，地位の低下は，日本の港湾をフィーダー港として転落させ，産業の国際競争力をも低下させることにつながっています。こうした状況を受け，政府は港湾の国際競争力を強化させるべく，民間の創意工夫を生かした港湾運営の効率化や，世界とつながる国際物流拠点としての港湾機能の強化，情報通信技術を活用した次世代港湾整備などに取り組んでいます。

　このように，産業の国際競争力強化や豊かな国民生活を支えるために港湾は変化し続けています。しかし，これまで私たちは，港湾と直接関わることがなかったため，港湾が私たちの生活にどのように関わってきたかについては必ずしも理解しているわけではありません。本章を学習することで港湾が私たちの日常生活との関わりや，日本の経済発展にどのように貢献しているかを考えることに役立ててください。

（注1）　国際コンテナ戦略港湾政策推進委員会「最終とりまとめ―個別施策の取り組み状況」2019年2月21日，第10回資料1‐2（file:///C:/Users/User/Desktop/001274230.pdf，2019年7月2日閲覧）。

（注2）　港湾機能高度化施設整備事業とは，2014年に創設された補助制度であり，主に港湾に立地する物流施設の再編や高度化など，民間事業者が行う整備事業を支援する制度である。

（注3）　国土交通省 国際バルク戦略港湾検討委員会（2010）「国際バルク戦略港湾の目指すべき姿」15頁。

（注4）　ブルウィップ効果とは，ゲートで車両流入処理に時間がかかり，ターミナル周辺では混雑が発生し，輸送効率の低下や着岸時間の長期化などにつながる現象のことをいう。

（注5）　関東地方整備局 港湾空港部「海上コンテナ輸送とICT ～港湾情報システム“CONPAS”を活用した物流効率化～」2019年1月17日（https://www.pref.saitama.lg.jp/a1102/container/documents/siryou4.pdf，2019年7月28日閲覧）。

（注6）　国際コンテナ戦略港湾政策推進委員会「今後の取組について」2017年6月15日，第8回資料（https://www.mlit.go.jp/common/001188972.pdf，2019年8月2日閲覧）。

（注7）　同上資料。

〈参考文献〉

池田良穂（2017）『基礎から学ぶ海運と港湾』海文堂。
池田宗雄（2013）『港湾知識のABC（11訂版）』成山堂書店。
市來清也（1996）『港湾管理論（四訂版）』成山堂書店。
男澤智治（2017）『港湾ロジスティクス論』晃洋書房。
黒田勝彦編著（2014）『日本の港湾政策―歴史と背景』成山堂書店。
鈴木暁（2013）『国際物流の理論と実務（五訂版）』成山堂書店。
津守貴之（2017）『日本のコンテナ港湾政策』成山堂書店。
日本港湾経済学会編（2011）『海と空の港大事典』成山堂書店。
三村眞人・小林照夫・照屋行雄・澤喜司郎編（2009）『研究者たちの港湾と貿易』成山堂書店。
関東地方整備局 港湾空港部（2019）「海上コンテナ輸送とICT ～港湾情報システム“CONPAS”を活用した物流効率化～」（https://www.pref.saitama.lg.jp/a1102/container/documents/siryou4.pdf）2019年7月28日閲覧。
国際コンテナ戦略港湾政策推進委員会（2017）「今後の取組について」（https://www.mlit.go.jp/common/001188972.pdf）2019年8月2日閲覧。
国際コンテナ戦略港湾政策推進委員会（2019）「最終とりまとめ―個別施策の取り組み状況」（file:///C:/Users/User/Desktop/001274230.pdf）2019年7月2日閲覧。
国際バルク戦略港湾検討委員会（2010）「国際バルク戦略港湾の目指すべき姿」（https://www.mlit.go.jp/common/000115549.pdf）2019年7月15日閲覧。

練習問題

(1) 港湾の役割と機能について考えてみましょう。

(2) 港湾運営の効率化を図るため，港湾経営の民営化が進んでいます。民間企業による港湾運営の方法と，その特徴について考えてみましょう。

(3) 近年，港湾の生産性向上に向けて最新技術を活用した港湾整備が進んでいます。次世代港湾整備に活用されている最新技術とその目的について考えてみましょう。

第8章

航空輸送

| キーワード | 最適化 　在庫 　迅速性 　容積重量 　付加価値 総費用 |

●**本章の学びの目的**

　航空輸送と言うと「速い」，でも「運賃が高い」との単純な組み合せイメージを抱く人が多いことは否定しがたいことでしょう。しかし，そうしたイメージは航空輸送の実態や経済効果等をよく理解していないために生じており，物流管理の一大命題，最適化（optimization）を追求するうえで妨げとなっています。

　実態として少量貨物を海上輸送した方が航空輸送よりも所要時間とともに輸送費がかさむ場合もあります。さらに小さな貨物を輸送する際，一般的な航空貨物よりも高い単価運賃の国際宅配便で輸送した場合，より速く顧客のもとに届けることが可能となり，かつ輸送経費を削減できることが多々あります。

　そこで本章では航空輸送の役割や特徴を多面的に理解し，より効果的な輸送手配や物流管理を図るための基礎的知識を学びます。なお，本章のいくつかの用語は紙面の都合もあって説明を加えておりません。是非，章末掲載のリンク先等を活用して各自調べてください。自ら調べることで知識はより広くより効果的に身につきます。

1　航空輸送活用の動因

　国際輸送の大宗は海上輸送によって行われています。また陸上で国境を接している国々では鉄道や道路，内陸水路などによる国際輸送も行われています。よって航空輸送比率は世界規模でも約1％と極めて低いものとなります。同比

率は重量ベースであり，金額ベースでは航空輸送が世界で約35％（IATA試算），
日本発着では約30％（**図表8-1**）を占めています。

　国土交通省のデータ「港湾取扱貨物量ランキング（2017年　上位200港）」に
よれば日本の最大貿易港は名古屋港です。また財務省貿易統計「税関別輸出入
額表」で確認できる金額ベースでの比較では成田国際空港が最大貿易港となり，
2018年実績では輸出総額の約14％，輸入の約17％，輸出入総額の15.3％が成田
空港の積卸貨物によって占められました。

　図表8-1から推測できるよう航空輸送される貨物の多くは高付加価値なも
のだと断定できます。実際に航空貨物の主要品目は半導体等電子部品や通信機，
半導体製造装置，機能化成品などの高額商品で占められています。

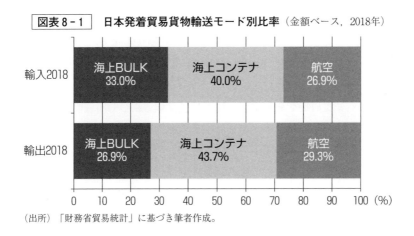

| **図表8-1** | **日本発着貿易貨物輸送モード別比率**（金額ベース，2018年） |

（出所）「財務省貿易統計」に基づき筆者作成。

　貨物の価格＝運賃負担力は大きな要素ですが，実態はそうでない貨物も含ん
で日常的にさまざまな背景・動因によって航空輸送がほかの輸送機関に優先し
て選択される場合があります。

　輸送とは「人間の意志に基づく人および貨物の，社会的に公開された施設に
よる場所の移動である」と『日本大百科全書』（小学館刊）では定義されてい
ます。同定義に従えば，輸送行為の起点は人間の意志です。では，その意志決
定が航空輸送を選択する場合，どのような根拠による判断であるのか，以下の
3つに類型化して説明します。

① 時間的制約

長距離を短時間で輸送できる航空輸送の特性を活かして，下記の諸状況に対応。

- 災害・生産遅れ・クレームなどの不測事態発生に伴う緊急出荷（例：工場火災，港湾ストなど）
- 需要が予測より多く，販売用や海外生産用在庫が減少した場合，欠品防止のために通常の輸送モードから航空へ切替え（例：自動車のKD部品など）
- 故障・不備発生に伴い，目的遂行続行および経済損失の極小化のための緊急出荷（例：航空機・船舶部品，油田の採油機器や送油設備部品など）

② 輸送品特性

- 振動や衝撃を回避すべき貨物で毀損による商品価値喪失やクレームを防止するため（例：精密機械や美術品など）
- 温度や湿度管理が必要で，高温多湿によって品質が劣化しやすい商品の価値喪失を防止するため（例：医薬品・鮮魚・野菜・精密機器など）
- 鮮度・商品サイクルを重視する商品で，時間経過に伴う商品価値の劣化・喪失を防止するため（例：食品・花卉・ファッション商品など）

③ 企業戦略

- 新商品の早期市場投入による優位性の確保や初期在庫の圧縮を図るため（例：タブレット端末・スマホ・ゲーム機器など）
- 市場占有率の拡大に伴って，供給力増強を図る一方で過剰在庫や在庫費用の増加を抑制するため（例：コモディティ化していない各種競合商品など）
- 資金回転率を向上させ，金融コスト（借入金や利子）を削減し，また投資能力の拡大を図るため，短期輸送による売掛金回収サイクルを短縮する。
- 運賃負担力の高い付加価値商品のブランディングなど（例：福岡県朝倉農協の「博多万能ねぎ」など）

　以上は代表的な事例ですが，そのほかにもさまざまな動因があると思われます。実態調査などを通して，研究してみてください。

　上述の動因に伴って，「航空貨物は景気のバロメーター」とも言われます。そのわけは，経済市場が好転する兆しを示すときには新製品が市場に紹介されたり既存製品の売上が伸びます。新製品を海外市場で売り出す場合，初期在庫を確保するため，また既存商品の在庫量を早期補給し，市場シェアを確保・拡大するために航空輸送で送り込みます。対して市場が後退する場合には，不要不急の高付加価値な商品から売上が下がります。よって相対的に航空貨物需要が下がる傾向があります。

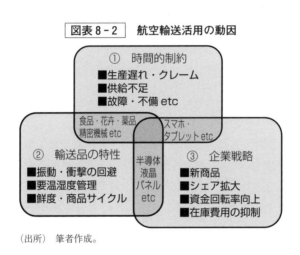

図表8-2　航空輸送活用の動因

① 時間的制約
■生産遅れ・クレーム
■供給不足
■故障・不備etc

食品・花卉・薬品
精密機械etc

スマホ・
タブレットetc

② 輸送品の特性
■振動・衝撃の回避
■要温湿度管理
■鮮度・商品サイクル

半導体
液晶
パネル
etc

③ 企業戦略
■新商品
■シェア拡大
■資金回転率向上
■在庫費用の抑制

（出所）　筆者作成。

2　航空貨物輸送の概要

（1）　輸送要件

　貿易，すなわち国際的商業取引（商流）は商品の所有権・処分権の移転に関わる契約行為に過ぎません。買手指定の場所に商品が輸送されて，はじめて実態的に処分権の対象となります。同移転確認によって買手側から売手側に代金が支払われることで商流は完結します。

　以上の商流，物流，金流，そしてこれら3つの流れを効率的に支える情報流を加えた4つの流れの相関関係や，輸送，保管，荷役，梱包荷造，流通加工，

情報伝達の物流 6 機能については第 1 章で学んだとおりです。

　貿易物流の 6 つの機能の 1 つ，輸送は商流を完結させるうえで極めて重要な機能ですが，単純に A 国の指定地点から B 国の指定地点に商品を移動させるだけでは，その役割を果たせません。他の物流機能との融合性や個別取引ごとに求められるさまざまな輸送要件を満たすことが重要です。

　輸送要件の中でも，とりわけ重要なことは納期です。指定された期日・場所までに安全・確実に届けることです。納期を守ることでサプライチェーン（第 2 章参照）を分断しないこと，そして商品の欠品を発生させないことです。タイムリーな輸送が重要な物流要件となります。

　そこで貿易貨物が置かれた状況によって，相対的に輸送費用がかさむとされる航空輸送ですが，輸送前後の手続を含んで所要時間が短く，長距離輸送が可能で，定期便運航頻度が比較的高い航空輸送が優先活用されることとなります（3（2）参照）。続いて国際航空貨物輸送の流れを概観しましょう。

（2）　搭載容器

　輸出貨物の海上輸送では主に ISO 規格の 20 フィートコンテナや40フィートコンテナに積み込んで本船に搭載しますが，航空輸送ではどのように取り扱われるのでしょうか。

　航空貨物にも専用のコンテナがあります。ただし通称「コンテナ条約（TIR 条約）」の適用対象外となるため，海上コンテナのように街中で牽引走行している姿は見かけず，通常は国際空港の制限地区内で使用されています。箱状のものをコンテナ，板状のものはパレットと言い，これらをまとめて ULD（Unite Load Device）とよんでいます。また航空機備品として区分されるため，耐空証明が求められ，一定水準以上の品質でないものは使用できません。

　貨物専用機の上部貨物室（Main-deck）に搭載可能な大き目なものをメインデック ULD，主に旅客機を含めた下部貨物室（Lower-deck または Belly）に搭載するものをロアーデック ULD（LD コンテナ）とよびます。また経済性，搭載効率の観点から，コンテナの軽量化は極めて重要な要素で，アルミニウムやグラスファイバー，ポリカーボネートなどの軽量で丈夫な素材で作られています。

　なお B737 や A320 などの狭胴（単通路）機の下部貨物室や広胴（複通路）機の下部貨物室最後部へは ULD を通した間接的な搭載ではなく，貨物や手荷物を直接搭載します。この方法を海上貨物の鉄鉱石や木材の搭載と同じくばら積み（バルク・ロード）とよびます。また輸出貨物を ULD に積み付ける作業をビルド・アップ，また逆に輸入貨物を取り卸す作業をブレーク・ダウンとも言います。

　では国際線航空貨物がどんなルートや手続を経て輸送されるのか，以下，簡単に説明します（関連施設やフローチャートなどは章末掲載の空港・税関・フォワーダーのリンク先などで必ず確認してください）。

（3）　輸出国での流れ

　日本発航空貨物の件数および重量の9割強は混載扱いとなっています（2018年通年合計件数354万6,826件中324万7,476件＝91.5％　同合計重量136万5,045トン中126万1,133トン＝92.4％。JAFA 航空貨物運送協会調べ）。したがって主に混載貨物の流れについて以下記載します。

①　輸出者（荷送人：Shipper）は輸入者（荷受人：Consignee）との間であらかじめ合意された交易条件（Incoterms）に基づいて，航空貨物の輸出手続を自社または相手側指定のフォワーダーに委託します。

②　輸出者またはフォワーダーのいずれかが手配した車両でフォワーダー指定の保税蔵置場（上屋，B/S：Bonded Shed）に貨物を搬入します。

③　搬入された貨物は，国の定める安全担保制度に基づく安全確認または必要に応じて爆発物検査の対象となります。ほぼ併行して検量，ラベリングが行われます（4（1）③参照）。

④　確認された諸事項に基づき，航空貨物運送状（AWB：Air Waybill および HAWB：House AWB）作成の準備（電子データ作成）が行われます（3（3）参照）。

⑤　NACCS を通して輸出申告を行います（4（1）①②参照）。

⑥　税関から輸出許可を受け，同一出発便に搭載される貨物をまとめて，混載貨物目録（House Manifest）を作成します（「混載仕立て」とよぶ）。

　　（注）　設定 Incoterms によっては当該段階で輸入者指定のフォワーダーに

　　　　　　貨物・書類を引き渡すこともあります。

⑦　上記対象貨物を ULD に積み付けたうえ，航空会社の B/S に横持ち搬入。
　　　（注）　保安検査未実施貨物（航空会社に検査依頼）は ULD には積み付け
　　　　　不可。また ULD を満載できない小ロット貨物や ULD から溢れた貨物は，
　　　　　航空機スペースの最大活用の観点から，ばら貨物で搬入したうえ航空
　　　　　会社が中継貨物（Transit Cargo）を含めたほかの貨物とともに ULD
　　　　　をビルド・アップします。

⑧　航空機搭載。

（4）　輸入国での流れ

　以下は一般的な輸出入貨物の流れを簡易的に述べたものです。国や空港，貨
物品目などよっては若干異なる流れとなります。

①　到着した航空機から取り卸された ULD は，空港地域内にある各航空会
　社もしくは共同の B/S の荷捌き場に移動した後，ULD から貨物を取り出
　し，発地で用意された搭載貨物目録と貨物を照合し，破損や逸失などの事
　故の有無を確認します。ただし，発地で ULD 単位で受託した貨物は，そ
　のままの状態でフォワーダーに引渡しされます（Intact Delivery）。また乗
　継貨物（Cargo in Transit）は確認後，自社便接続もしくは他社 B/S への横
　持ちなどの取扱いとなります。

②　確認された貨物は B/S に搬入されます。

③　フォワーダーは混載貨物目録と搬入貨物を照合し，仕分けや毀損（きそん）などの
　確認作業を行います。

④　輸入者からあらかじめ提出されている委任状（POA）もしくは電話連絡
　などに基づき輸入者指定の通関業者に HAWB や添付書類を渡します。

⑤　通関業者は，輸入申告や関税および付加価値税納付後に許可が下りた貨
　物を B/S から引き取ったうえで輸入者の指定場所まで配達します。

（5）　国際空港

　ノード（結節点）とリンク（交通路），これにモード（交通機関）を加えて交通の三要素とよびます。前項では航空輸送（モード）での貨物の流れを述べましたので，ノードとリンク，すなわち空港と路線網について以下に説明します。

　空港内施設が保管機能の一面として医薬品などの流通加工の場として供せられることもありますが，迅速性を重んじる航空貨物では，極めて短時間の一時保管（通過）が主となります。同点から保管機能以上に「国内貨物と外国貨物」，「地上輸送と航空輸送」，「国内線や国際線の航空輸送間」のノードとしての役割・機能が重要視されます。上記に関連して物流論を学ぶ皆さんには，併せて交通論を学習することで需要者（荷主）視線と供給者（輸送の生産者）視線での多面的な知識を身につけるよう，また異なる観点から諸点を研究されることを推奨します。

　さてノードとリンクの規模がある水準以上であり，集約性，接続性，連続性などの要件を満たした空港を「ハブ空港」とよびます。海上輸送で学んだハブ＆スポークのハブ港と同義語ですが，現在に至るまで，その定義は確立されていません。

　日本では航空法第4条が定める「拠点空港」のうち，成田・羽田・中部・関空などが該当します。米連邦航空局（FAA）規定では年間旅客乗降規模が全国の1％以上をLarge Hubとし，0.25％以上1％未満をMedium Hub，0.05％以上0.25％未満をSmall Hub，同規模以下をNonhubとしています。

　またACI（3（1）項末参照）ではハブ機能を指数化したHub Index（Accessibility×Centrality）を定めています。Accessibility（接続性）は年間出発便数を千単位で，Centrality（中心性）は72時間ごとの乗換旅客数の年間累計値を百万単位で計算します。

　以上は公的機関・団体の定義づけですが，全世界の航空時刻表を毎月発行し

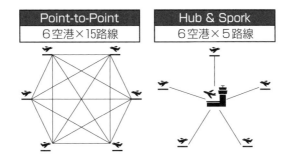

ている民間企業OAG社では時刻表データ内のMCT（Minimum Connecting Time）などに基づき，供給座席数上位200の国際空港を対象に6時間以内に接続可能な路線組数を指数化のうえ比較し，上位50空港，LCC空港25空港を毎年公表しています。また単純に該当空港における総乗降者数や総取扱貨物重量に占める乗継旅客数や仮陸揚貨物重量の割合を目処とする説もあります。

　OAGの2018年評価結果はハブ機能世界一を英ヒースロー空港（指数333）とし，羽田は21位（同179），成田42位（同120）でした。

　同じく東アジアのハブ空港，韓国仁川空港は15位（216）で，同年の国際線貨物取扱重量に占める仮陸揚貨物の割合は39.4％（中継116万1,777トン÷総量295万2,123トン），羽田・成田空港での割合はそれぞれ37.2％（22万3,950トン÷60万1,846トン）と29.1％（63万9,014トン÷219万8,012トン）でした。

3　IATAと航空運賃の仕組み

（1）　ICAOとIATAの役割

　国連の専門機関，国際民間航空機関（International Civil Aviation Organization）の英語表記を略して「ICAO（イカオ）」とよびます。第二次世界大戦中，民間機の発展に伴って1944年に締結された国際民間航空条約（通称シカゴ条約）に基づいて戦後1947年に発足しました。国際民間航空に関する原則と技術を制定・開発し，その健全な育成がICAOの目的となります。

　2018年4月現在の加盟国数は192カ国ですが，日本はサンフランシスコ講和

条約発効後の1953年10月に加盟し，1956年以降は連続して理事会メンバー国に選出されており，通常予算分担率は米国，中国に次ぐ3位（7.50%）となっています。

IATA（International Air Transport Association：国際航空運送協会）は1945年4月に欧米の31カ国57航空会社がキューバ・ハバナで設立した民間産業団体です。ICAO同様に安全を最優先事項としてその技術開発や制度設定をはじめ，混雑空港でのスロット調整や旅客または貨物代理店と航空会社との間，および航空会社間取引の定期精算業務（Clearing House）を実施しています。

1978年に米国で施行された規制緩和策に端を発して，1980年代から世界的に柔軟な航空運賃・料金設定が重要視されるようになりました。21世紀初頭までは海運同盟による運賃取極めと同様に各国・地域において独禁法適用除外とされ，ほぼ定期的に運賃調整会議が開催されて発着双方の政府認可をもって公示運賃（IATA運賃，カルテル運賃）として適用されていました。

2006年から2009年にかけて各国・地域で独禁法適用除外が次々と廃止され，IATAは運賃・料金設定に関わる業務を停止しました。しかし，現在も関連出版業務や精算業務は継続しています。また，安全で快適な一定水準以上のサービスを利用者に提供するために，世界統一の取扱規則を制定・更新することに注力しています。旅客・貨物代理店の認定審査や同法人およびスタッフの教育訓練，資格認定業務，各国・地域航空行政当局との交渉等にも携わっています。

上述の2つの国際機関のほかに国際空港施設事業者の団体であり，ICAOのオブザーバーである国際空港評議会（Airport Council International：ACI）が1991年1月に複数の類似団体をベースに統合設立されました。ACIは安全で効率的な航空技術・運航システムの開発や空港経営の効率化，騒音などの環境対策などに関する情報交換の場として機能し，ICAOや各国・地域の航空行政当局などへの提言活動を行っています。

（2） 海運との違い：輸送モード選択要素

本章冒頭で航空輸送活用の動因を学びました。輸送要因発生に伴って輸送要件に照らして諸輸送モードを比較・検討のうえ判断することで活用動因となります。その比較のためには物流6機能のその他への波及を含めて，他輸送モー

ドとの違いをしっかりと把握しておく必要があります。以下，単純比較が困難な運賃などのモード間の相違点を学習します。

① 運送状

海上貨物運送状（BL：船荷証券）は貨物運送受託に伴って運送人たる船会社が発行する流通性をもつ有価証券です。航空貨物運送状（AWB）は航空会社用意の書式によって荷送人もしくは同代理人が作成し，貨物とともに航空会社に提出する運送契約書兼貨物受領書，すなわち証拠証券に過ぎません。

② 運賃適用領域

海上コンテナ貨物，FCL や LCL は運賃や関連サーチャージのほかに CY チャージ，CFS チャージなどのいわゆる「港チャージ」，そして B/L Fee などの書類発行手数料が，また FCL にはバンニング費用が別途加算されます。航空貨物運賃にはこれら料金や費用がすべて含まれています。また航空貨物の一種，国際宅配便の料金はさらに発着地での集配や通関の費用を含みます。

③ 運送責任領域

上記に伴って運送人の責任範囲はモードによって異なります。海上貨物では幅広い輸送受託条件に沿って異なり，一元的には言えませんが，原則的には受取地もしくは船積港における貨物受託後から陸揚港もしくは引渡地での引渡しまでとなります。限定的な事例ではバルク船の船積船卸条件が FIO（Free in Free out）の場合には，本船積込完了時から陸揚げ開始時までとなり，さらに FIOST では範囲が狭まります。航空貨物では一般的には発地上屋の軒先（受付け）から着地上屋の軒先（引渡し）まで，また国際宅配においてはドア・ツー・ドアの輸送引受区間の範囲となります。

また，賠償責任限度額の違いも相乗して貨物・運送保険料率も異なります。こうした要素や後述要素を加味して輸送総費用を計算した場合，条件次第では海上輸送が航空輸送よりも，航空輸送が国際宅配よりも割高になることは往々にしてあり得ます。

④　運賃建値

海上貨物はドル建て（一部アジア域内においては円建ても）で設定され，所定の為替換算率をもって精算されます。航空貨物は原則「発地国通貨建て」で表示されます。また着地払いの場合は，所定の為替換算率で着地国通貨に換算のうえ，着払い手数料が加算されます。

⑤　容積重量（Volumetric Weight）

どのモードも共通的に運賃計算の基礎は重量ですが，実重量と容積重量のいずれか大きい数値によって計算します（課金重量：Chargeable Weight）。しかしながらモードによって容積の換算率が異なります。海上は1：1,000，トラック（EU）1：3,000，国際宅配1：5,000，航空1：6,000となります。すなわち1立方メートルは海上貨物では1トン（1,000KGS）となり，トラック（EU）では320.0KGS（日本国内：1才（1立方尺）＝8KG ⇒ 1 m³＝280.0KGS），国際宅配200.0KGS，航空167.0KGSとなります。

⑥　搬入締切等

成田空港からロサンゼルス空港までの所要時間は10時間あまりですが，東京港からロサンゼルス港およびロングビーチ港までは11日前後かかります。そして国際輸送までの最短待機時間，すなわち受付締切（Cut-Off）は国際線航空貨物は搭載機出発2時間前ですが，FCLのCY搬入締切は本船出港3日前，LCLはCFS搬入締切，同4日前と一般的にはなっています。輸送所要時間（日数）と同最短待機時間のモード間の差はそのまま在庫費用や損失・毀損などのリスクの差，しいては保険料の差となって輸送総費用の比較だけでなく，物流総費用の比較や輸送モードの選択に大きく影響します。

　上記諸点以外にも，モード間には運賃ルールや取扱いに関してさまざまな相違があります。輸送条件に合ったモード選び，物流総費用の抑制・削減や最適化の観点から調査・研究してみてください。

（3）　E-Freight：電子化

　旅客輸送では国内・国際線ともにチケットレス化が進んで紙チケットの使用がほとんどなくなりました。また搭乗手続が簡略化・短時間化されたうえに紛失・盗難の危険性もなくなりました。

　IATA の主張では国際線航空貨物に関連する書類の数は使用頻度の高・低を織り交ぜて約30種，その量は年間8,000トン以上とされ，有償貨物スペースの圧迫や空港職員の労務負担となってます。そこで IATA は1990年代から情報システムの世界的な発達や関連情報のデジタル化の進捗に伴って関連書類の削減，ペーパーレス化を推し進めています。

　運送状（AWB）の電子化（e-AWB）については，2008年から実践的な取り組みが始まり，2015年での100％電子化を目指しました。しかしながら2018年12月末時点での電子化率は全世界で60.1％（同月の e-AWB 約90万部÷発行総件数約150万部）に留まっています。IATA はさらに電子化の加速を図るため，2019年1月1日から e-AWB を標準的な受託条件とし，紙発行の AWB は例外的な取扱いであるとの位置づけを行いました。

4　現状の課題と将来展望

（1）　高速輸送のボトルネック

①　通　　関

　国境をまたぐ輸送には通関手続が求められます。輸送に際して約30種類の関連書類が求められると前述しましたが，輸出・輸入許可の審査・承認の手続と関連する書類は対象品目や関係する国によって異なります。

　税関手続によって貨物の輸出入許可を受けますが，これを狭義の通関と言います。また輸出入に関連する各省庁の輸出入承認を含んだ手続が広義の通関とされます。

　財務省所管の関税法および同関連法令以外，すなわち他省庁所管の貿易関連法令を「他法令」と言います。輸出では12，輸入では29の国内法令によって，

130

図表 8 - 3 通関の流れ

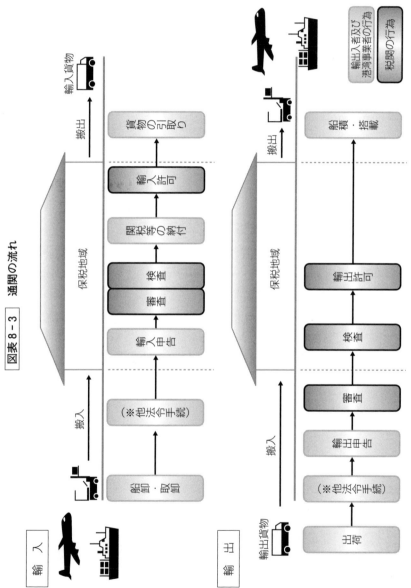

（出所）税関ホームページ（カスタムスアンサー．1102）　www.customs.go.jp/tetsuzuki/c-answer/imtsukan/1102-2.jr.htm　2019.08.16。

また絶滅危惧種に関わるワシントン条約や有害廃棄物の輸出入に関するバーゼル条約などさまざまな国際条約・協定に基づいて貿易管理が実施されています。またそれに伴って通関所要時間（日数）が増大することとなります。

「財務省・輸入通関手続き所要時間調査報告」（2018年7月発表）によれば海上貨物の本船入港から許可までの所要時間は平均61.9時間（2.1日，入港から搬入29.6時間＋搬入から申告30.2時間＋申告から許可2.1時間）でした。航空貨物は平均12.3時間（0.5日，8.2時間＋3.7時間＋0.3時間）と海上貨物の5分の1の時間で処理されています。

なお，1991年の初回調査結果では海上貨物168.2時間，航空貨物52.6時間でしたが，27年間で格段の短縮が図られています。

②　NACCS

上述改善要因については，NACCSとよばれる電子通関処理システムの導入と改善，そしてAEO（Authorized Economic Operator）認定制度や通関官署の自由化，関税延納制度などが指摘できます。

2018年時点で輸出入手続の99％以上がNACCS経由で電子的に処理されていますが，輸出3,974万件のうち約9割の3,533万件，また輸入1,994万件のうち8割強の1,616万件は航空貨物で占められます。

NACCSとはNippon Automated Cargo Clearance Systemの略称ですが，当初はNippon Air Cargo Clearance Systemとよばれ，小口・少量貨物中心で通関件数が圧倒的に多い航空貨物の電子的処理による迅速化と税関職員の人的効率化を目的として1978年8月に稼働しました。

その後1991年には海上貨物を対象としたSea-NACCSが稼働し，2010年にはAir-NACCSとシステム統合されました。そしてベトナム（VNACCS）やミャンマー（MACCS）へも輸出され，それぞれ2014年，2016年から稼働しています。

③　保安管理

2001年9月11日の米国同時多発テロ発生を機に，米国政府や各国関連当局，また世界税関機構（WCO）などの国際機関がテロ対策として従来に増した安全担保推進に取り組んでいます。

　海上・航空ともにいわゆる「24時間ルール」が主要国宛貨物輸送に適用されています。個別貨物に関わる積荷目録データを AMS（Automated Manifest System）を通して着地税関宛に電子送付します。船会社は船積み24時間前までに，航空会社は搭載便到着4時間前まで，もしくは離陸直後に送付しなければなりません。

　極めて迅速，短時間に移動する航空貨物輸送においては，すべての国際線搭載貨物を対象に，さらに厳格な安全担保制度が適用されています。

　わが国における当該制度は「KS/RA 制度」とよばれ，所定の保安体制を整えて国土交通大臣から RA（Regulated Agent）の認定を受けた航空フォワーダーと航空会社が貨物を検査して爆発物の航空機への搭載を防ぐ義務を負っています。

　恒常出荷荷主でかつ RA と合意書を締結したうえ，確定書交付を受けた特定荷主（KS: Known Shipper）の出荷や貨物専用機搭載の場合，同負担は軽減されます。しかしながら，従来制度より厳格化した要件のため KS となる荷主が極端に減少したため，検査実施件数や同費用と時間的な負担が増加しています。

（2）　インテグレーターと国際宅配便

　国際宅配業者の DHL や FedEx，UPS などは輸出者の事務所などから貨物を集荷し，海外の輸入者の事務所などまでドア・ツー・ドアで一貫輸送と輸出入通関を組み合わせた包括サービスを提供しています。このように自社機を運航する航空会社（キャリア）機能と，集配・通関などのフォワーダー機能の両方を兼ね備えている事業者をインテグレーター（Integrator）とよびます。

　国際宅配便は，越境 EC 取引などの市場拡大とともに著しい伸びを示し，2017年時点では航空貨物全体に対するシェアを17.1％まで拡大しています。

　その要因・背景としては出荷手続が簡単であり，ドア・ツー・ドアの運賃・集配料・通関料・取扱料などの料金が一本化され，単純明確で，さらに所定期限までに配達できないときの返金保証があるなどの利用者の使いやすさが指摘できます。

　ただし1梱包当たりの重量や寸法，1出荷当たり梱包数などの上限設定や貴重品などの特殊貨物が受託できないなどのデメリットもあります。また前述し

たとおり容積重量が通常の航空貨物比較では20％重く計算されたり，1運送状当たり重量が高段階になると，通常の航空貨物との比較ではかえって割高となることもあります。

　少額貨物に適用される簡易通関やマニフェスト通関などを利用することで，極めて高い迅速性を維持していますが，複雑な手続が必要な品目や通常の通関手続の対象となる非少額貨物（関税などの支払いが必要）の場合，迅速性のメリットを享受できず，通常の航空貨物の方が割安で迅速なこともあります。

　なお，多くの航空フォワーダーと同様にインテグレーターも輸送サービスだけでなく，地球規模の事業網と貨物取扱施設を活かして3PLなどを含めた総合物流サービスを幅広い産業分野に提供しています。

　ここで若干ながら国際宅配便の急速な伸びとシェア拡大を支える越境EC（Cross Border Shopping）に触れておきましょう。世界最大級のEC運営企業アリババのニュースハブAlizila掲載データによれば，2014年の世界の越境ECは2,330億米ドル（前年比25.5％増）でしたが，翌々年，2016年には1.7倍の推定4,000億米ドル規模に急成長しました。2020年にはさらに倍以上の9,940億米ドルの市場規模に拡大すると予測されています。

| 図表8-4 | 日本・米国・中国各国間の越境EC市場規模推計 （単位：億円） |

To	from	2018年	2019年	2020年	2021年	2022年	2022÷2018
日本	米国	2,504	2,604	2,698	2,782	2,857	114.1%
	中国	261	271	281	290	298	114.2%
	合計	2,765	2,876	2,979	3,071	3,154	114.1%
米国	日本	8,238	9,457	10,810	12,291	13,925	169.0%
	中国	5,683	6,524	7,457	8,479	9,606	169.0%
	合計	13,921	15,981	18,267	20,769	23,531	169.0%
中国	日本	15,345	18,184	20,730	23,217	25,144	163.9%
	米国	17,278	20,474	23,341	26,142	28,312	163.9%
	合計	32,623	38,658	44,070	49,359	53,456	163.9%
from	日本合計	23,583	27,641	31,540	35,508	39,069	165.7%
	米国合計	19,782	23,078	26,039	28,924	31,169	157.6%
	中国合計	5,944	6,795	7,738	8,769	9,904	166.6%

（出所）　経産省「電子商取引に関する市場調査」2019年5月発表より筆者作成。

　二大EC市場，中国・米国に日本を加えた3国間の2018年時点での越境EC市場規模と同将来展開は**図表8-4**のとおりとなります。

（3）　環境問題

　物流に関わる環境問題にはいろいろな指摘があります。また一方ではさまざまな対策が図られています。短時間で世界を移動できる最速の輸送機関である航空機については地球規模での問題把握や対策が必要となります。

　航空機が環境に及ぼす影響は，エンジンから排出する騒音やCO_2，Noxなどによる大気汚染や地球温暖化，また高高度飛行によるオゾン層破壊や気象への影響などが主な懸念となっています。

　1992年時点での航空機のCO_2排出量は炭素換算で年間0.14ペタグラム（10の15乗グラム）と言われています。これは全排出量の2％，化石燃料の全使用料の2.4％，また全輸送機関の燃料使用量の13％に相当するとされています。

　世界の二大航空機メーカーの1つ，米ボーイング社の長期需要予測によれば2009年時点で稼動中の民間旅客機は全世界で約1万6,400機でしたが9年後の2018年には2万5,830機まで増加しました。そして今後20年間で4万4,040機が新たに路線投入され，退役機1万9,210機を控除し，純増分2万4,830機を上記機数に加えると2038年には5万660機規模，2018年比較で約2倍に拡張するものと予測されています。

　うち貨物専用機については，今後20年間で航空貨物需要（トンキロベース）は年間平均4.2％の割合で増加すると推測され，伴って2018年時点での1,970機は2038年には3,400機規模に拡大されると予測されています。

　航空機数の増加に伴って環境問題の深刻さも高まります。速くて便利な航空輸送ですが，その経済的効果だけでなく環境負荷の増加についても積極的に問題把握するとともに可能な対策を図ることが重要です。

〈参考文献〉

「エアカーゴマニュアル」株式会社オーエフシー（年1回発行）。
木下達雄（1999）『国際航空貨物運送の理論と実際』同文社。
日刊CARGO編集部編（2016）『フレッシュマンのための航空貨物Q＆A100問100答（第6版）』

海事プレス社。

国交省航空局監修「数字で見る航空」航空振興財団（年 1 回発行）。

経産省「電子取引に関する市場調査」平成10年度以降毎年実施。

　同公表資料および結果要旨ならびに報告書（PDF）

　　　www.meti.go.jp/policy/it_policy/statistics/outlook/ie_outlook.html

〈参考リンク先〉

成田空港貨物施設・統計類（PDF）

　　　https://www.naa.jp/jp/issue/airCargoTerminal/index.html

　　　https://www.naa.jp/jp/b2b/cargo/img/koutudousen.pdf

東京国際エアカーゴターミナル（TIACT）

　　　http://www.tiact.co.jp/

関西空港貨物地区（CARGO KIX）

　　　https://www.kansai-airport.or.jp/cargo

税関業務（PDF）

　　　http://www.customs.go.jp/zeikan/pamphlet/report/

航空貨物の流れ（代表例）

　　　https://www.kwe.co.jp/service-contents/air-flow

　　　https://www.klinelogistics.com/jp/service/aircargo/flow/

　　　（各航空フォワーダーHP は JAFA 会員紹介ページからアクセス可）

JAFA/ 航空貨物運送協会　www.jafa.or.jp

IATA/ 国際航空運送協会　https://www.iata.org/Pages/default.aspx

BOEING 長期需要予測（PDF）全体版 CMO 毎年更新　貨物版 WACF 偶数年更新

　　　https://www.boeing.com/market/index.page

練習問題

⑴　日本の最大貿易港は取扱量ベースでは名古屋港ですが，輸出入金額ではどこが一番でしょうか。

⑵　航空輸送活用動因は大きく分けて 3 つですが，「時間的制約」，「輸送品特性」と何でしょうか。

⑶　輸送要件で最も重要なことは何でしょうか。

⑷　国際宅配便のメリットとデメリットをそれぞれ 2 点あげてください。

⑸　1 立方メートルの海上貨物は容積重量では 1 トン，航空輸送では167キログラムとして運賃等の課金計算をしますが，国際宅配便では何キログラムですか。

第9章

国際複合一貫輸送：
インターモーダル

> キーワード　コンテナリゼーション　　国際複合一貫輸送（イン
> ターモーダル）　　シー＆レール　　海鉄連運

●本章の学びの目的

　本章では，国際的な鉄道貨物輸送として，国をまたぐ国際鉄道貨物輸送を取り上げます。第5章で日本国内のJR貨物による鉄道貨物輸送を学びましたが，それが国際的な流れに合ったものなのかどうか，国際的な鉄道貨物輸送の発展と成果を今後どのように取り入れていくべきかなど，日本の現状を念頭に置きながら学びます。

　国をまたぐ国際鉄道貨物輸送は，ビジネス上大事にされる《早く・安く・安全》を前提とすれば，その3要素を満たす効率性と信頼性を保持する必要があります。現在それを実現している輸送が，"コンテナ輸送"です。"鉄の箱"であるコンテナがもたらした輸送上の大きな革命をコンテナリゼーションとよびますが，本章では，コンテナリゼーションがもたらした陸海空輸送の効率化とドア・ツー・ドアサービスと複合一貫輸送（インターモーダル）の概要を学び，国際物流における国際鉄道コンテナ輸送の意義を学んでいただきたいと思います。

1　コンテナ輸送の誕生

（1）　コンテナリゼーション以前：～1960年代

　コンテナが登場するまでの貨物輸送は，陸運・海運とそれぞれの業者が個々別々に担当する別の輸送として認識されていました。さまざまな形状，規模，

重量の貨物を輸送するために，貨物の態様に見合う輸送手段と荷役技術をもつ輸送業者に任せることが一般的であり，異なった輸送手段間には，商用的，制度的な連携はありませんでした。

1つの輸送手段による1つの種類の輸送が，輸送業者の差別化の内容であり，それで完結していました。しかし，それは，ビジネス拡大を目指す輸送業者やグローバルにビジネスを展開しようとする荷主にとっては不便なことであり，非効率的な輸送状況でした。最終的にはその非効率が，国際的な貨物量の増大とともに，輸送上の貨物の渋滞を生み出していました。

（2） コンテナリゼーション以後：1960年代～

非効率的な輸送状況が一般的な中で，その陸上輸送業者の中から，輸送手段や荷役技術に制約されない効率的な輸送技術を考え出した人が出てきました。その人は，マルコム・マクリーン（米国，1913年生～2001年没）という元トラック会社の運転手でした。彼は自分のアイデアを実践するために，自分のトラック会社を売却し，海運会社を買収して，所有船をコンテナ船に改造し，1957年10月に58個のコンテナを積んだ船をニュージャージー州ニューアークからテキサス州ヒューストンまで運航させました。これが世界で最初の商用のコンテナ船輸送となりました。

貨物をコンテナに詰めることにより，一旦詰めた荷物を引き出すことなく，船・トラック・鉄道で運ぶことができるようになり，荷役もガントリークレーンで簡単・迅速にできるようになりました。これは，コンテナの貨物としての態様が，たった1種類の "箱" という形状だからできることでした。

コンテナにより，荷役時間と荷役コストの大幅な削減が可能となっただけでなく，コンテナの標準化により海運，陸運，空運業者が連携することが可能となり，ドア・ツー・ドアサービスという複合一貫輸送を行うことができるようになって，物流のサービス形態が大きく変化しました。それは，海運と陸運と空運が個々の輸送ではなく，連携した一連の輸送である国際複合一貫輸送という考え方を生み出し，1つの物流業者が，1つの国際複合輸送全体を取り扱うという業態を生み出して，物流業全体に革命をもたらすことになりました。コンテナリゼーションは，"コンテナ革命" ともよばれています（日本船主協会ホー

ムページ海運資料室『海運雑学ゼミナール』045，269，177　ホームページ https://
www.jsanet.or.jp/index.html）。

（3）　コンテナの規格と種類

　マクリーンのコンテナ登場以降，さまざまなサイズのコンテナが登場しまし
たが，ビジネスのさらなる発展のためには標準化の必要性が認識され，1963年
国際的な ISO 規格が登場し，コンテナ輸送の発展を促進しました。ISO 規格
コンテナは，大きく20フィートコンテナと40フィートコンテナに分かれます。
20フィートコンテナは，長さ6,058ミリメートル，幅2,438ミリメートル，高さ
2,591ミリメートル，40フィートコンテナは，長さ1万2,192ミリメートル，幅
と高さは20フィートコンテナと同じです。最近では，高さ2,896ミリメートル
のハイキューブコンテナ（HQ と略す）も普及しています。

　コンテナの数え方として，20フィートコンテナ1TEU（Twenty Foot
Equivalent Unit）とし，40フィートコンテナ1FEU（Forty Foot Equivalent Unit）＝
2TEU とする TEU 換算方式が用いられます。コンテナの種類としては，一般
的な鉄の箱としての
ドライコンテナ，冷
凍管理ができるリー
ファーコンテナが主
流であり，そのほか
天井が空いたオープ
ントップコンテナ，
液体を運べるタンク
コンテナ，板状をし
たフラットラックコ
ンテナなどがありま
す。

| 図表9-1 | 20フィートドライコンテナ |

（出所）　内外日東㈱ホームページ（http://www.nnt.co.jp）。

2 国際鉄道コンテナ輸送の発展と国際複合一貫輸送

　輸送手段には，大別して船，鉄道，トラック，飛行機の4種類がありますが，ISO 規格コンテナをそのまま使用できるのは，船，鉄道，トラックであり，飛行機で使用するコンテナは別規格で国際的に統一されています。

　海運に関しては，1968年日本郵船が，積載能力752TEU の箱根丸を建造し，運航しましたが，これが日本最初のコンテナ船となりました。

　鉄道に関しては，従来から存在する「車扱」という貨車による輸送方式が一般的でした。石炭，鉄鉱石，一般雑貨などのばら積み貨物を運ぶのですが，コンテナが登場して以降は，コンテナ輸送が，鉄道貨物輸送の現代化を推進する役目を担うことになりました。当初は，世界的にもさまざまな規格のコンテナがありましたが，ISO 規格が導入されると，鉄道輸送でも ISO 規格コンテナが標準化されていきました。ただ，日本の JR 貨物だけが独自規格としての12フィートの5トン積載コンテナ（通称ゴトコン）をビジネスの中核手段として現在も使用しており，ISO コンテナ輸送は一部に留まっていることはすでに学んだとおりです。ISO コンテナの活用が，現代の日本の鉄道貨物輸送の大きな課題の1つになっています。

　トラックについては，ISO 規格に合わせたトレーラーとシャーシ（コンテナを積載する荷台のこと）が，生産されることになり，このトレーラー＆シャーシによるコンテナ輸送が，物流の"最後の1マイル問題"を解決し，コンテナによるドア・ツー・ドアサービスを可能にしました。

　このように，船と鉄道とトラックは，コンテナを一貫して輸送するための親和性が非常に強い輸送手段と言えます。三者のベストマッチングが，国際複合一貫輸送（インターモーダル）の基本であり，コンテナ輸送を軸とした国際複合的な大陸横断鉄道輸送の実現へ道を開くことになりました。

　現在，大陸横断鉄道コンテナ輸送には，大きく3つあります。北米大陸横断鉄道コンテナ輸送，シベリア・ランドブリッジ輸送，ユーラシア・ランドブリッジ輸送の3つです。これからそれらについて説明します。

（1）　北米大陸横断鉄道コンテナ輸送

　北米大陸横断鉄道は，歴史的にはすでに1869年に国策会社ユニオン・パシフィック鉄道とセントラル・パシフィック鉄道によってネブラスカ州オマハからカリフォルニア州サクラメントまで建設され，その後，20世紀初めまでに合計8ルートが誕生しました。

　1956年，マルコム・マクリーンによるコンテナ輸送開始後は，彼が設立した大手海運会社シーランドが，サザン・パシフィック鉄道（SP）と協力し，ダブルスタックトレインを走らせ，1984年には大手海運会社アメリカン・プレジデント・ラインズ（APL）が，ユニオン・パシフィック鉄道（UP）と協力し，西海岸のロサンゼルス港から東海岸の物流拠点ニュージャージー州サウスカーニーまですべてダブルスタックトレインを走行させて，一気にアメリカ中に広がりました。ダブルスタックトレインとは，列車のコンテナを積載する荷台（シャーシという）にコンテナを2段に積んで走る列車のことを言います。スタックとは，「固定した」という意味です（**図表9-2**）。

　一方，日本郵船をはじめとする日本の海運会社やアジア系船社は，巨大化するコンテナ船が，パナマ運河を通行できないため，西海岸のロサンゼルス港，ロングビーチ港，シアトル港，バンクーバー港などからシカゴなどの中西部を経て東海岸に向けて，北米の鉄道会社やカナダの鉄道会社と提携し，鉄道コンテナ輸送を行いました。
2016年6月に新パナマ運河が開通し巨大コンテナ船も通行を開始しましたが，積載能力1万3,000TEU程度のコンテナ船がMaxであり，2万TEUの超巨大船は通行できないため，西海岸から東海岸への大陸横断鉄道コン

図表9-2	ダブルスタックトレイン

（出所）　APLアーカイブ。

テナ輸送は今も継続されており，ロサンゼルス港などのように，新パナマ運河誕生に対抗するため，コンテナターミナル（CT）を整備し，受入れ強化と鉄道利用の利便性を高めるための拡大投資を行っている CT もあります。港湾と大陸横断鉄道が結びつき，パナマ運河との競争は，今後激しさを一層増していくものと考えられています。現在，アメリカは 4 大鉄道時代です。東部鉄道（シカゴとニューオリンズを結ぶミシシッピー川より以東の鉄道）の CSX，NS（Norfolk Southern），西部鉄道（ミシシッピー川の以西の鉄道）の BNSF（BNSF Railway），UP（Union Pacific）の巨大鉄道会社が運行していますが，4 社とも民営企業です。

北米の大陸横断鉄道コンテナ輸送には，次の 3 つのサービスがあります。

① ミニ・ランドブリッジ（MLB）サービス——船舶で西海岸まで海上輸送し，鉄道で東海岸まで陸上輸送するサービス。

② インテリア・ポイント・インターモーダル（IPI）サービス——東海岸まで行かず，デンバーやカンザスシティなどの内陸都市まで鉄道輸送するサービス。

③ アメリカ・ランドブリッジサービス（ALB）——東海岸までの MLB 利用後に，再度第二の船舶に積み替えて欧州の各港へ輸送するサービス。

これらのサービスは，アジアからコンテナ船でアメリカ西海岸の港に入港して鉄道につなぐので，「シー＆レール」サービスとよばれます。大陸鉄道コンテナ輸送は，国際複合一貫輸送においては，シー＆レールという形を取ることが一般的です。もちろん，鉄道駅から顧客倉庫までは，トラックです。

アメリカ東海岸に輸送するもう 1 つの方法である，パナマ運河経由でコンテナをコンテナ船で輸送するサービスは，一般的には「オールウォーター」サービスまたは，「ディープシー」サービスとよばれます。

シー＆レールサービスとオールウォーターサービスのどちらを選択するかは，所要日数，運賃，安全性等を貨物の価格・需給・納期等さまざまな条件でどのように勘案するのかによって決まります。一般的には，前者は，輸送日数は短いが，運賃は高く，後者は，輸送日数は長いが，運賃は安いということが言えます。所要時間のことを一般にリードタイムとも言いますが，物流の現場において一般に大事にされる要素は，"時間・費用・安全" です。"早く・安く・安

全に"ということになります。

　シー＆レールサービスを効率的に実現するためには，船社と港湾と鉄道と税関の連携が大変重要です。この四者間での情報の共有化が鍵となります。北米大陸コンテナ輸送では，四者間の信頼関係が，半世紀に及ぶビジネスの中で培われてきたために，安定した運営が行われていると言えます。

（2）　ユーラシア大陸横断鉄道コンテナ輸送

　ユーラシア大陸横断鉄道は，シベリア鉄道が基本です。1891年5月シベリア鉄道の起工式がウラジオストクで行われて以降，1900年には，ウラジオストクから欧州まで列車で行けるようになり，1902年，敦賀～ウラジオストク間に日本海を渡る直通航路が開設され，日本から欧州へ行くことが可能となりました。

　1904～1905年，日露戦争で敦賀～ウラジオストク間航路は中断しましたが，1911年に日ロ両国鉄道の連絡運輸が始まり，1913年に，①新橋～敦賀～ウラジオストク～シベリア鉄道～モスクワ・欧州へのルートと，②東京駅～門司港～大連港～南満州線～東清鉄道～シベリア鉄道～モスクワ・欧州ルートの2つが誕生しました。敦賀～ウラジオストク航路と門司港～大連港航路の2つの航路は大阪商船（現在の商船三井）により運航され，シベリア鉄道による旅客と貨車の輸送が開始されました。

　第二次世界大戦後，1956年日ソ共同宣言で国交が回復されると，1957年日ソ海運協定が締結され，1958年には日本～ナホトカ航路が開設されましたが，シベリア鉄道経由欧州行きの貨物輸送構想の実現には，コンテナ輸送の登場を待たなければなりませんでした。

①　シベリア・ランドブリッジ（Siberia Land Bridge：SLB）

　1956年日ソ共同宣言が発表されたころ，アメリカでマルコム・マクリーンによるコンテナ輸送が開始されました。コンテナ船と北米大陸横断鉄道によるコンテナ輸送の成長の影響を受け，1966年から1967年にかけて山下新日本汽船や日新運輸倉庫，CTI・ジャパンなどの日本の物流業者と旧ソ連外国貿易省の下部機構全ソ対外運輸公団との間で共同輸送に関する契約が結ばれ，コンテナの試験輸送が始まりました。1967年11月ソ連の貨物船「ムルマンスク号」（ジャ

パン・ナホトカ・ライン）が横浜港と神戸港でコンテナ6本を積載しナホトカへ向かい，目的地のスイスのバーゼルへ42日後に到着しました。それから幾度かのトライアルを経て，1971年3月日本〜ナホトカ間にコンテナ船が就航し，SLBが開始されました。1980年代に全盛期を迎え，年間10万TEU前後を輸送しました。日本の港（新潟港，富山港，苫小牧港，清水港，門司港など）からナホトカ港，ウラジオストク港，ボストーチヌイ港までコンテナ船で輸送し，シベリア鉄道につなぎヨーロッパへ輸送するサービスでした。

しかし，1991年ソ連が崩壊すると，ロシア国内で価格の自由化，国営企業の民営化など市場経済への移行政策が実施され，SLBサービスは，鉄道運賃の高騰，補助金打ち切り，港湾料金の高騰，船舶費用・陸送費用などの高騰により，競争力と信頼性を失くし，低迷期に入りました（**図表9-3**）。

2000年ごろから韓国の企業の利用によってやっと復活を果たしますが，最終仕向地がロシアまたはCIS諸国になっています。ソ連時代は，外貨を獲得することを目的として運用されたため，無理な運賃設定によって，西ドイツやフランスの西ヨーロッパ向け，ポーランドやハンガリーなどの東ヨーロッパ向けのサービスが提供されました。ソ連と欧州をつなぐ方式として，欧州の鉄道につなぐトランスレール方式，ソ連船につなぐトランスシー方式（バルト海と黒

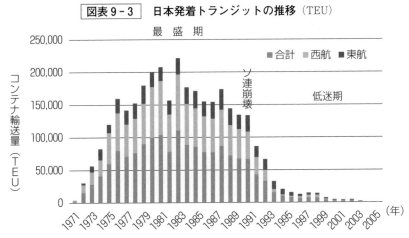

図表9-3　日本発着トランジットの推移（TEU）

（出所）　日本トランスシベリア複合輸送事業者協会（TSIOAJ）。

海の2種類がある），トラックにつなぐトラコンス方式などがありました。しかし，現在は，ロシア・CIS諸国までのサービスしか提供しておらず，欧州までのサービスは停止しています。

　もともと，日本企業のために始められたSLBですが，復活にあたって主要な荷主になったのは，韓国企業でした。韓国企業のシベリア鉄道輸送に対する信頼性は高く，ロシアや中央アジアとの貿易や取引に大変積極的です。韓国のコンテナ船社が釜山港からボストーチヌイ港に韓国貨物だけでなく，中国貨物

図表9-4　シベリア鉄道の国際コンテナ輸送量

		2017年			2018年1〜8月	
		輸送量 （TEU）	前年比 （%）		輸送量 （TEU）	前年同期 比（%）
全体	輸入	367,030	55.6%	輸入	282,353	24.9%
	輸出	335,167	34.9%	輸出	286,808	25.7%
	トランジット	353,586	63.2%	トランジット	279,880	13.8%
	合計	1,055,783	49.2%	合計	849,041	22.6%
ロシア 〜日本	輸入	10,882	26.1%	輸入	9,376	35.9%
	輸出	49,885	0.1%	輸出	33,956	1.8%
	トランジット	2,953	11.1%	トランジット	1,741	−8.8%
	合計	63,720	4.2%	合計	45,073	6.9%
ロシア 〜韓国	輸入	26,663	7.9%	輸入	18,350	0.2%
	輸出	34,481	18.3%	輸出	24,507	12.7%
	トランジット	36,356	71.8%	トランジット	35,289	83.2%
	合計	97,500	30.0%	合計	78,146	31.7%
ロシア 〜中国	輸入	329,485	51.9%	輸入	254,627	23.6%
	輸出	250,801	46.3%	輸出	228,345	48.8%
	トランジット	314,277	69.2%	トランジット	242,850	26.6%
	合計	894,563	55.8%	合計	725,822	31.7%

（出所）　海事プレス2018年11月28日付より引用（TSIOAJ公表資料）。

も輸送し，釜山港がボストーチヌイ港への SLB のハブ港となっています。日本港湾からも便数は少ないですが，商船三井の関連会社が運航しています。

日新の HP や資料によると，現在は，日本〜モスクワ間を約20〜25日程度で輸送するようです。日本からの欧州航路での所要日数が30〜40日であるのと比べるとかなり輸送日数は短いと言えます。輸送運賃は，海上輸送に比べるとかなり高額だと言われています。

2018年現在，さらに SLB の利用は増加してきており，日本発貨物の増加を目指して，国交省と民間企業とのパイロット事業が，推進されています。SLB のシベリア鉄道の国際コンテナ輸送量は，**図表9-4**のとおりです。

② ユーラシア・ランドブリッジ（チャイナ・ランドブリッジ：CLB）

ユーラシア・ランドブリッジは，1992年12月1日50TEU のコンテナ列車が，連雲港をロッテルダムへ向かって出発したことによって始まりました。その前年1991年にはソ連邦が崩壊し，日本や韓国が利用していた SLB サービスもまた崩壊し，現在の状況は前述のとおりです。日本では，SLB サービスと区別するため，CLB とよばれますが，中国を出た後で中央アジアを通過し，シベリア鉄道を欧州まで使うことは同じです。

2001年3月「第十次五か年計画」が始まると，当時の朱鎔基首相は，西部大開発における目玉として，ユーラシア・ランドブリッジを推進することを発表しました。西部大開発とは，発展していた沿海部と遅れていた内陸部の経済的格差を埋めるために推進された内陸地域振興策のことです。

当時のユーラシア・ランドブリッジは，連雲港港を主要拠点とし，天津港，大連港からのサービスも行われていました。サービスルートは，メインルートとして，連雲港－阿垃山口（国境都市）－中央アジア－シベリア鉄道－欧州，その他のルートとして天津港－二連浩特（国境都市）－モンゴル－シベリア鉄道－欧州，大連港－満州里（国境都市）－シベリア鉄道－欧州という3つのルートでした。

基本はコンテナ輸送ですが，当時中国は，「海鉄連運」（鉄水連運）という鉄道のコンテナ化政策を進めており，港湾と協力して，鉄道による海上コンテナの鉄道輸送を推進し，鉄道の現代化を急いでいました。2006年より中国全土に

18カ所の鉄道コンテナセンター駅の建設を始め，国内コンテナ輸送と国際コンテナ輸送を両立させる体制の構築を進めていました。海鉄連運政策の推進により，鉄道が主要港湾に引き入れられ，国内・国際のコンテナ輸送量は徐々に増加していきました。

③　中欧班列（China Railway Express：CRE；中欧鉄道や中欧特快とも訳す）

　ユーラシア・ランドブリッジのコンテナ貨物は，徐々に増加していったとはいえ，数量的には十分ではありませんでした。たとえば，2012年の連雲港港のコンテナ取扱量は，502万 TEU（中国第10位）でしたが，海鉄連運量30.3万 TEU，海鉄連運率約 6 ％でした。うち，阿垃山口を越えた越境貨物は，7.8万 TEU とわずかでした。政府の海鉄連運率の目標は30％程度ですが，遠く及ばない状況が続いていました。旧鉄道部（2013年 3 月鉄道部が交通運輸部に統合された）は，18カ所鉄道コンテナセンター駅の 1 つである重慶駅から2011年 4 月渝新欧国際列車（重慶－デュイスブルク）を出発させました。そして次々とコンテナセンター駅から国際列車を出発させました。それは，次のとおりです。
　(1)　渝新欧国際列車（重慶－デュイスブルク　2011年 4 月）
　(2)　漢新欧国際列車（武漢－チェコ　2011年10月）
　(3)　青新欧国際列車（青島－オランダ　2012年12月）
　(4)　蓉新欧国際列車（成都－ウッジ　2013年 3 月）
　(5)　鄭新欧国際列車（鄭州－ハンブルク　2013年 7 月）
　(6)　長安号国際列車（西安－ロッテルダム　2013年11月）

　すでに，2006年から昆明駅を皮切りに18カ所鉄道コンテナセンター駅の整備が始まっており，2011年時点で昆明，上海，重慶，成都，鄭州，大連，青島，武漢，西安の 9 カ所が完成していました。2017年現在，天津，瀋陽，哈爾浜，蘭州，烏魯木斉は完成，北京，寧波，広州，深圳は企画中です。センター駅には，センター駅間を結ぶこと，センター駅と主要港湾を結ぶこと，センター駅と国境貿易都市を結ぶことの 3 機能が与えられ，国内輸送と海鉄連運と国際複合一貫輸送が 1 つに結び付けられました。
　こうして，ユーラシア・ランドブリッジの新たな「3 大海鉄連運ルート」が

確立され，それを基礎にした新しい国際列車が，18カ所鉄道コンテナセンター駅から出発し，「ユーラシア・ランドブリッジの新展開」が始まりました。2011年4月以降の累積運行便数は，2018年8月で1万便を超え，定期便は65路線へと拡大しました。

2016年には，「中欧班列建設発展規画（2016～2020年）」という5カ年計画が発表され，ユーラシア・ランドブリッジというよび方が改められ，「中欧班列」(China Railway Express：CRE) と名付けられました。「班列」とは中国語で「列車」の意味です。従来の3つの海鉄連運ルートである連雲港・天津・大連のルートに加えて，新たな港湾や都市を設定し海鉄連運ルートを拡大しました。また，新たにカスピ海・トルコ経由ルート（西2通道），中央アジア・イラン経由ルート（西3通道）の2ルートを開発し全部で5ルートとしました。

(1) 西通道：連雲港・昆明・重慶・武漢・成都・西安・昆明・蘭州等～阿垃山口ルート

　　・西1通道……阿垃山口～カザフスタン～ロシア～欧州ルート

　　・西2通道……阿垃山口～カザフスタン～カスピ海～アゼルバイジャン・ジョージア～イラン～トルコ～欧州ルート

　　・西3通道……阿垃山口～ウズベキスタン～トルクメニスタン～イラン～トルコ～欧州ルート

(2) 中通道：天津・営口等～二連浩特～モンゴル～中央アジア・ロシア～欧州ルート

(3) 東通道：大連・瀋陽・ハルピン等～満洲里～ロシア～欧州ルート

コンテナの取扱量は，2011年の渝新欧国際列車出発以降，11年には17便，コンテナ取扱量1,404TEUでしたが，13年の一帯一路発表以降，14年には往行（中国‐欧州），復行（欧州‐中国）併せて308便2万6,070TEUに急増，17年には往復3,673便，31万7,930TEU，18年8月には累計1万便を超えました。中欧班列建設発展規画では，2020年に年間5,000便を目標にしていましたが，18年は6,300便となり，目標を2年前倒しで達成してしまいました（海事プレス2019年1月10日付「中欧班列，18年は6300便」）。

現在の中欧班列による輸送は，中国発貨物が中心であり，それに一部韓国発

| 図表9-5 | | 2011年以降の中欧班列の列車便数とコンテナ取扱数 | |

		列車便数	コンテナ取扱数
2011年	往行	17	1,404
	復行	0	0
2012年	往行	42	3,674
	復行	0	0
2013年	往行	80	6,960
	復行	0	0
2014年	往行	280	23,804
	復行	28	2,266
2015年	往行	550	47,132
	復行	265	21,770
2016年	往行	1,130	97,400
	復行	572	8,394
2017年	往行	2,399	212,000
	復行	1,274	105,930

（出所）　日刊CARGO2018年1月24日付より作成。

　貨物が加わる程度です。今後は，日本や韓国からのコンテナ貨物の本格的な輸送が大きな課題になると思われます。日本，韓国，中国から欧州へ向かう海上輸送コンテナ貨物は，年間約1,300万TEUですが（2017年），日中韓の貨物をどのような形で，中欧班列の沿海港湾重要ノードや鉄道中核ノードにつなげるのが最適であるのか，日中韓の大きな課題として残されており，これが解決される過程で，北東アジアの物流の活性化が図られると思われます。

　日本からコンテナ貨物を中欧班列につなぐサービスが2018年から始まりましたが，一例として，東京・横浜・名古屋・大阪・神戸などの五大港から大連を経由していく中欧班列につなぐなどのサービスがあげられます。一方，韓国は地の利もあり，日本より早く開始し，仁川港からのフェリーや釜山港からのコンテナ船を利用して，中欧班列の沿海重要港湾ノードである青島港へつないだ

図表 9-6　中欧班列・蓉欧快鉄列車（成都鉄道コンテナセンター駅）

LG グループのコンテナ貨物を積載して，ベトナム～成都～ポーランドへ向かう蓉欧快鉄列車
（出所）　ウェブサイト「創頭条」（http://www.ctoutiao.com/545026.html）。

り，海鉄連運政策で成都鉄道コンテナセンター駅と結び付いた日照港へとつないで，欧州へ輸送するなど中欧班列を積極的に活用しています。

　また，中国の国営物流業者も中国鉄道コンテナ輸送全般を管理する中国鉄道コンテナ輸送社との長年にわたる協力関係を利用し，その中欧班列コンテナを利用して日本と中欧班列をつなぐサービスを開始しており，北東アジアの物流の活性化に，中欧班列が今後大きく関わっていく可能性が広がってきています。日本の物流との最適な接続ルートを探すことが，今後の課題の１つであり，その競争は一層激しくなるものと予測されます。

3　グローバルロジスティクスに必要な条件

　鉄道には，軌間という鉄道幅の問題があります。国をまたいで鉄道を使用する場合，軌間が統一されていないと，１つの鉄道で最後まで輸送できませんし，統一されていない場合には，スムーズに取り扱う技術が必要になってきます。

これまで述べてきた大陸鉄道の軌間について述べます。

　アメリカ鉄道の軌間は，1,435ミリメートルであり，標準軌とよばれます。日本のJRは1,067ミリメートルで狭軌とよばれます。また，1,435ミリメートル以上は広軌とよばれます。シベリア鉄道は広軌で，1,520ミリメートルです。したがって，アメリカ鉄道は西海岸から東海岸まで1本の鉄道で行くことができますし，シベリア鉄道もロシア国内だけであれば，1本の鉄道で行けます。SLBは，ボストーチヌイやナホトカでコンテナを載せれば，モスクワや旧ソ連邦地域，CIS諸国は同じ1,520ミリメートルなので，1本で行けます。

　ですが，中欧班列は，中国鉄道の軌間が標準軌であり，阿垃山口，二連浩特，満洲里の国境で積み替えが発生します。阿垃山口からはカザフスタン鉄道につながりますが，カザフは1,520ミリメートルです。二連浩特からは，モンゴル鉄道につながりますが，ここも1,520ミリメートルです。満洲里は1,520ミリメートルのシベリア鉄道にそのままつながります。ところが，欧州に入る時，ロシアからポーランドに出る時ですが，ポーランドは1,435ミリメートルの標準軌なので，マワシェビチェというところで，再度積み替えが発生します。中欧班列においては，欧州まで2回の積み替えが発生します。貨物の大渋滞や設備面で問題などが発生すれば，この積み替えのために時間がかかりますので，リードタイムが長くなった場合，信頼性がなくなります。

　国際複合一貫輸送をスムーズに行うことが，これからのロジスティクスの課題になります。中欧班列を例にとれば，国境の通関，コンテナの積み替え，コンテナ台車の手配などがスムーズに行われる必要があります。また，ポーランドでの積み替えについても同様のことが言えます。北米鉄道でも港湾から鉄道へのコンテナ貨物の積み替え，通関，台車の手配をうまくスムーズに行う必要があります。そのための組織的な対応と技術的な対応の2つが必要になってきます。

　組織的な対応としては，鉄道コンテナ輸送における港湾・鉄道・税関・海運の連携（海鉄連運）を一体的に運営すること，技術的な対応としては，鉄道を港湾に引き込み，CTのすぐそばに駅を作る，いわゆるオンドック・レールの設備を作ることが重要になってきます。最近は世界的なコンテナ船の巨大化により揚げ積みのコンテナ本数が増加し，CTが渋滞を引き起こす港湾が増加し

ています。鉄道コンテナターミナル駅が CT の近くにある場合は，鉄道コンテ
ナターミナル駅がインランド・コンテナデポ（ICD）の役目を担うことも可能
になり，ロジスティクス企業が集まりやすくなります。また，コンテナのハン
ドリングや荷役にも IT，ICT，IoT，AI などが導入され，自動化の流れも出
てきています。グローバルロジスティクスには，鉄道と港湾と税関と船社が
IT，ICT，IoT，AI などで結び付けられたインフラ整備とそれらの組織の統一
的運用が大変重要になってきています。

〈参考文献〉

マルク・レビンソン著，村井章子訳（2007）『コンテナ物語』日経 BP 社。
辻久子（2007）『シベリア・ランドブリッジ　日ロビジネスの大動脈』成山堂書店。
杉本俊雄（2012）（BNSF 鉄道極東代表）講演会資料「アジア・北米貨物輸送に於ける米国
　　鉄道の役割」。
福山秀夫（2014）『中国鉄道コンテナ輸送の発展とユーラシア・ランドブリッジの新展開』（山
　　縣記念財団海事交通研究2014年第63集）。
福山秀夫・男澤智治『中欧班列の活用は北東アジア物流を活性化する㊤㊦』日本海事新聞
　　2019年 2 月18日・19日。
内外日東（株）ホームページ　http://www.nnt.co.jp/（最終閲覧日：2019年 2 月28日）。
日本船主協会ホームページ海運資料室「海運雑学ゼミナール」045，269，177。ホームペー
　　ジ　https://www.jsanet.or.jp/index.html（最終閲覧日：2 月28日）。
中欧班列中国一帯一路網　https://www.yidaiyilu.gov.cn/zchj/rcjd/60645.htm（最終閲覧日：
　　2019年 3 月 4 日）。
BNSF のホームページ　https://www.bnsf.com/ship-with-bnsf/maps-and-shipping-loca
　　tions/pdf/small-intermodal-map.png（最終閲覧日：2019年 3 月 4 日）。
ウェブサイト「創頭条」（http://www.ctoutiao.com/545026.html）（最終閲覧日：2019年 3 月
　　4 日）。

練習問題

(1)　コンテナ革命によって，国際鉄道輸送がどう変わったのか考えてみよう。

(2)　北米大陸の鉄道コンテナ輸送とユーラシア大陸のそれとの違いは何かを考え
　　てみよう。

(3)　国際物流における国際複合一貫輸送（インターモーダル）の意義を考えてみ
　　よう。

第10章

EU の物流実情

キーワード　完全シームレス SCM 物流（スマート物流，総合一貫
物流）　フェリー・RORO 船　IT・IoT・自動化

●本章の学びの目的

　広域化・複合化・高度化した経済・産業・製造業の地球規模の総合一貫物流
の中で，IT・IoT・自動（無人）化を駆使した完全シームレス SCM（Supply
Chain Management）物流（さらにスマート物流）の高付加価値化が注目の的
です。いつでも，どこでも，だれでも，川の流れのように送り手から受け手へ
財貨が流れ，空間・時間・制度・情報・品質・商流/金流の 6 つの完全シーム
レス物流が最重要です。日本の自動車企業が自動車部品の日韓高速船（フェ
リー・RORO 船）による完全シームレス SCM 物流を実現し，膨大な成果を
出しました。通常自動車部品の場合，国際物流コストは全費用（調達・製造・
物流・通関等）の40%にもなりますが，完全シームレス SCM 物流により，日
韓でもコンテナ船の在庫日数25日が 3 日に，高速船の物流費はコンテナ船の 2
～ 3 倍が，コンテナ船の40%減となりました。

　EU の先進的シームレス物流は共通運輸政策，標準化，IT・IoT にあり，ド
イツの「第 4 次産業革命：インダストリー4.0」と「ロジスティクス4.0：2025
年目標」政策では10年で 8 兆ドル（900兆円），内物流で1.9兆ドル（24%）の価
値創出です。さらに，スマート物流へと拡大展開しています。

　韓国・中国・台湾は EU の自動化・IoT 等シームレス化を率先採用し，日本
は自動化・情報化・先進化で相当遅れています。EU に進出した日本企業の
EU 技術を活用した先進物流も紹介します。

　日本国内の物流では，RORO 船を活用した共同シームレス物流や路線の拡
大，高積載率・無人トレーラー等の改革が進展しています。日本は人手不足・

生産性低下・多頻度・小ロット・ラストワンマイルなど，自動化（無人化），IT・IoT化などシームレス化課題が山積しEUに対し相当遅れています。

1 最先端の完全シームレス物流

　物流が調達・製造・情報・サービス・倉庫等を経て顧客まで，最短時間・最高品質・最低コストで製品の価値が情報とともに，世界にシームレスに物流されて，初めて最高の価値を生むのです。国際物流では製品は**図表10-1**の多工程で生産・物流がなされ，膨大な障壁（損失）を抱えています。そこでは計25工程の内，①②⑨⑩以外の物流関係が21工程（84％）もあり，「待ち時間・在庫・人・廃棄」等の膨大な無駄費用があることが理解できます。生産工程はすでに自動化され，自動車企業によれば国際物流費は製造コストの約40％と膨大です。一貫総合物流（完全シームレスSCM物流）に最重要であり，今後，生産性とともにIT・IoT・自動化等の対策が必須なのです。

　日本では，日中韓（輸送距離：200～1,000キロメートル）の輸送で見た場合，輸送日数／トータルコスト／製品価格は順に，航空（1～3日／8～10倍／1～2万円／キログラム），高速船（3～5日／2～3倍／1,000～3,000円／キログラム），コン

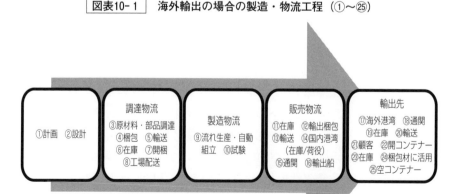

図表10-1 海外輸出の場合の製造・物流工程 （①～㉕）

テナ船（7〜10日/1倍/300以下〜1,000円/キログラム）です。日韓（航路長200キロメートル）における自動車部品の高速船による完全シームレス物流ではコンテナ船の6割（40％安価）となったのです。在庫日数はシームレスにより25日が3日に大幅短縮となり，それ以外に梱包レスによる梱包費用・資材・廃却費用がゼロになっています。しかし，EUの近海物流（航路長1,000キロメートル以上）は運輸共通化政策によりシームレス化され，高速船比率は日中韓が4％弱に対し，何と平均53％とコンテナ船より多く，輸送費は安価なコンテナ船よりさらに10％も安いのです。

2　完全シームレス物流の基本について

（1）　完全シームレス物流の基本

　いつでも，どこでも，だれでも，完全シームレスに，川の流れのように送り手から受け手へ財貨が流れ循環します。まずは物流と商流および金流が同期化することです。次には6つの完全シームレス物流が必要です。空間：積み替え/梱包なし/陸海空シームレス，時間：24時間/待ち情報切れなし/ジャストインタイム，制度：通関・通行・標準・共通化（パレット等）・調達・無争議，情報：通関等・ICTのシームレス，品質：全行程品質/完全製造物流（品質・衝撃・鮮度・精度の確保），商流/金流：シームレス金融，の財貨の流れです。シームレスに顧客から顧客へSCM（Supply Chain Management）とDCM（Demand Chain Management）が自動的にフィードバックされ，シームレスに最高の調達・生産・販売・経営が総合的一貫に行われることです。実際に，IT・IoTや技術・調達・生産・物流・商流/金流，梱包レス，そしてSCM/DCMの自動的フィードバックにより日韓完全シームレスSCM物流が実現しました。

　最大の特長は，九州〜釜山間に自動車部品の物流と商流/金流を統合した完全情報システムを構築し，コンテナはトレーラ・ウィング付きコンテナにより，韓国内はミルクラン（乳牛のミルクの集配方式を部品集配に活用）・調達・クロスドック（物流拠点・商流・金流システム）により，シームレスに，待ち・在庫なし，梱包レス，セット替えなし（機側まで直送）で輸送し，部品は工場直送後，

フォークリフトによる待ちなし・1人作業でコンベアに荷下ろし後，機側まで自動配送となり，完全シームレス・スペース不要，品質・能率も大幅な向上となりました。インサイト立地（余剰化したスペースに工場・倉庫の立地）やSCM製造・品質・物流教育も行い，完全シームレスSCM物流を世界で初めて独自に開発し，一度のミスもないと聞いています。

　自動車企業による日韓の製造・物流企業の完全シームレスSCM物流の事例はまさに日中韓の共同による画期的成果を築いた大事業のスタートであり，日中韓物流大臣会議（2年に一度，7回実施）等で日中韓において，さらに，スマート物流(注1)に進化すべき物流です。

　韓国の中小企業支援のために日本の輸入しか実現せず，シームレス物流に賛成しないグループもあり，後述するEUのような共通運輸政策等による広域完全シームレス物流およびスマート物流は実現していない。この障壁改革が日本や日中韓の最大の課題であります。

（2）　シームレス物流から高度なスマート物流へ

　自動車企業では国際標準に従い，BOM（Bills of Materials：全部品表）は内外の設計・調達・製造・メンテ，社内の生産・SCM・貿易にまで活用され，通関時の製品インヴォイス（税関への申告書類）でも厳しく管理されています。A自動車企業の開発の概要を**図表10- 2**に示します。顧客の仕様・納期から本社

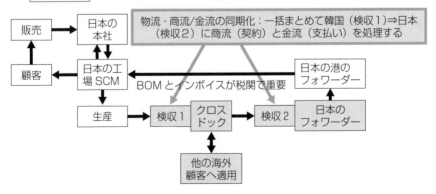

図表10- 2　A自動車企業の自動車部品の完全シームレスSCM物流の基本

図表10-3　シームレス物流の効果例
（上段：一般コンテナ船，下段：高速船シームレス物流）

	港に船着岸	待ち	クレーン	待ち	ヤード在庫	待ち	荷役	待ち	トレーラ	待ち	荷役	待ち	倉庫	待ち	荷役	待ち	トレーラ	待ち	*梱包替え	待ち	*セット替え	待ち	製造ライン
コンテナ船	発	●1	荷役	●2	荷役	●3	荷役	●4	荷役	●5	荷役	●6	荷役	●7	荷役	●8	荷役	●9	必要	●10	必要	●11	着
高速船	発	●1	ほぼ直送：待ちなし ⟶																			●2	着

（注）　高速船では梱包替え・セット替えが直送梱包により不要（下記（3）参照）。

と工場は情報・物流・商流/金流を，本社➡SCM指示➡韓国生産➡検収1・クロスドック➡検収2・海外（日本）のフォワーダー➡国内のフォワーダー➡日本の工場（着）➡本社を構築しました。検収1，検収2は物流とともに商流（受発注の流れ）・金流（お金の流れ）も同時にシームレスに行うところが最大の特長です。国際標準による情報システムにより他の海外顧客ともシームレスSCMでつながります。A自動車企業は2014年10月に日韓の完全シームレスSCM物流を開始しました。

　特長的な実績例は**図表10-3**に示すとおり，11回の待ちがシームレス物流ではほぼ2回に減ります。シームレスで莫大な待ち時間とコスト・人件費・在庫費およびスペースが削減できました。物流費は40％減，生産から4日で納入，在庫25日が3日に短縮です。空いた土地にサプライヤーの物流用地や工場を誘致した大成果も加算されました。調達・物流・在庫・梱包・システム・生産・財における完全シームレスSCM物流の莫大成果とともに品質も良くなりました。

（3）　物流の梱包レスとセット替え不要

　完全シームレスSCM物流の中で見逃されているのが梱包です。梱包は自動

車の高級部品であれば国際物流費の40％にもなります。全物流費が全コストの約40％を占めるので梱包費は全コストの約16％も占めます。従来のコンテナ船では，長時間輸送・物流のため，段ボール・防水等の三重梱包，梱包・解梱作業および梱包材の産廃処理も必要です。さらに，セット替えと称すコンテナ梱包から機側に配送するパレットにセット替え作業があります。この配送パレットをコンテナパレットにし，セット替え不要の直送方式としました。梱包資機材，梱包作業，梱包材の産廃処理およびセット替えも不要となり，コスト・時間・品質も大幅に向上しました。

（4）　日韓の完全シームレス物流

①　フェリー・RORO 船とシームレス物流の歴史

　1970年 6 月，入谷豊州（関光汽船㈱社長）の尽力と日韓（下関・釜山）の友好協力により，関釜・釜関フェリー（旅客/貨物）が初めて就航しました。すぐに，鮮魚や野菜等の輸入から半導体・電子部品の輸出入の初期シームレス輸送が両税関の友好的迅速性・夜間通関等により加速進展し，貿易に貢献しました。これが2014年日韓の 2 航路，週14便の高速船の完全シームレス物流に発展しました。

　実は，韓中政府間では日韓より 2 年早い2012年にダブルナンバー制で大々的に仁川〜山東省間でシームレス物流が開始されましたが，保険費・輸送障壁等のために利用し難く，この15年間わずか韓→中の片道利用の200FEU/年（FEU：20フィートコンテナー 2 個分）に対し，韓→日の完全シームレス物流は同じ片道（日→韓は韓国企業保護のため採用されず）だけですが 1 万220FEU/年とその50倍です。次項で詳報します。

②　日韓完全シームレス物流の成功と貨物量の拡大

　その点，A 自動車企業は製造業として完全シームレス物流の必要性と効果を熟知し，完全シームレス物流を推進するために，日韓物流企業，日韓政府および港湾企業・労働組合等の全関係者に熱心に協力要請しました。2006〜2018年まで 7 回の日中韓物流大臣会合も大きな役割を果たしました。A 自動車企業は SCM 物流・ミルクラン・クロスドック・通関・情報システム・商流/金

流を含めた完全シームレスSCM物流を2014年10月に日韓間で初めて開始しました。その後，貨物量は当初の約3倍に増えています。ただ，韓国中小企業保護のために韓国輸出のみが課題ですが輸入検討案も要検討です。最近の貨物量は28本/日×365日＝1万220FEU/年です。ダブルナンバー32台，シングルナンバー20台，計52台，その他一般トレーラーも活用があります。沖縄～高雄間ではトラクター（牽引車）・トレーラー（貨物車）ともに通行可能な完全シームレス物流が実現していますが貨物量はまだ少ないです。

　なお，この間，日中間では数社のダブルナンバー車が認可されましたが貨物量は低調です。中国・香港間は歴史が古く規制緩和されたダブルナンバー車が同一国内と同様に利用されています。

3　ドイツのシームレス物流の事例

（1）　IoTを活用したロジスティクス4.0/スマート物流へ

　ドイツは製造業のGDPが23％まで低下し（日本19％，欧州は14％，米国12％）（**図表10-4**），発展途上国からドイツ製造業を死守すべき強い危機感をもち，2011年インダストリー4.0（ロジスティクス4.0）による「ハイテク戦略2020」の国家イニシアチブを作成し，IoTの導入による製造業の海外への流出防止と産業再拡大の国家戦略を立て，さらにスマート物流への発展を目指しました。日本は製造業のGDPが19％，運輸＋通信では約11％で，ドイツの製造23％，運輸＋通信11％とよく似ていますが，ドイツの危機感は高く日本は危機感と対応

　図表10-4　**産業別GDP（全体100％）の運輸通信・製造・サービスの割合の比較 2018（2016実績）**

(%)

	日本	韓国	中国	ドイツ	米国
運輸・通信	11	7	5	11	9
製造	19	30	28	23	12
卸・小売り・サービス	14	11	12	11	15

が遅れていると言わざるを得ません。

　物流は高度な総合ロジスティクスであり，製造業の調達と生産を左右する
SCM の基本です。製品市場価値は物流を重要視した第 4 次産業革命に必須で
あり，製造業は内・外で稼ぐ分野を明確にし，構造改革を着実に実行します。
製造業は GDP の約 2 割，物流・情報を含めた合計では約 3 割を占め調達～製
造～物流はとくに重要な産業です。このものづくり技術は製品に新たな価値を
付加し産業の国際競争力の強化や物流・IoT も含めたイノベーションを生み出
し続ける最重要な成長戦略です。

　スマート物流（Smart Logistics）は，第 4 次産業革命時代における IoT 化が
ドイツで言うインダストリー-4.0であり，その物流を担うのが高度ロジスティ
クス4.0です。あらゆるモノ・組織・人とのつながりが見える化され，SCM の
対象は極限まで拡大され，製造業のあり方が根本から再定義され，物流の役割
も大きく変わります。物流と IoT の垣根はなくなり，全工程を一元コントロー
ルすることでリソースの投入を抜本的に適正化します。IoT を可能にするサイ
クルはモニタリング→計測→コントロール自動化・最適化→新発見のサイクル
をまわして改革を加速します。スマートなファクトリー・ものづくり・サービ
スのネットワーク（つながる）・シームレス（流れる）・リアルタイム（見える
化）・一元コントロールして最適化・高付加価値化し，根底からモノづくりを
変革し，国際競争力を強化するものです。これがスマート物流であり，その基
盤が完全シームレス SCM 物流です。

（2）　ロジスティクス4.0（IoT）の製造・物流の最高率事例と経済効果

　①全自動製造工場と，②輸送船の IoT トラッキングの 2 つの事例を紹介し
ます（目標2025年）。

　①は，サプライヤーから工場に材料が無人で挿入されると自動化・セン
サー・サイバーシステム等で無人製造し，3D プリンター・ナノ技術・ロボッ
ト制御等にてモノとインターネット・タグ付け等を行い，顧客の要望品質の製
品を自動提供する無人工場です。

　②は，IoT が全地球規模の物流を管理する国際船貨物輸送において，地上～

港湾〜海上管理・情報〜相手港〜顧客までオンラインでトラッキングし，船舶・航空・トレーラー・コンテナの位置・品質までをトレースし，輸送機エンジン・貨物のダメージ・コンテナ内の温度等の品質管理と監視をリアルタイムで行う物流です。

　ドイツのロジスティクス4.0の経済効果の試算[注2]では，10年間（2015〜2025年）で経済総額は8兆ドル（900兆円），民間部門は6.4兆ドル・公共部門は1.6兆ドルであり，内訳はイノベーション2.1兆ドル，資産活用2.1兆ドル，サプライチェーン・物流1.9兆ドル（24%），労働生産性1.2兆ドル，顧客体験0.7兆ドルと想定されている。

（3）　ハンブルグ港のスマート物流

　ハンブルグ港は100キロメートル内陸港で市の中心にあり，大混雑のため拡張ができません。ハンブルグ港，港湾物流情報システム，ターミナルの荷役状況および道路混雑状況・海運・鉄道等を一括情報システム化し，これをスマート・ポート・ロジスティクス（IoT活用の市内・港湾総合のスマート物流）により交通（鉄道・道路・駐車）・トラックをリアルに制御し，港湾への貨物の輸出入と市全体交通を制御する壮大な計画を実践中で，ハンブルグ港を2025年に現1,000万TEU/年（TEU：20フィートコンテナ1個分）を2,500万TEU/年に拡大する計画です。

4　EUの港湾等の最先端自動化と情報システム

（1）　国際港湾での荷役自動化・オンライン情報化・通関システム

　ヨーロッパやシンガポール・韓国の大型港湾は，自動ゲートシステムによりゲート待ちはなく，港湾荷役やヤード在庫を自動管理するのが通常です。日本は荷役自動化等が遅れ，名古屋港の飛島埠頭1カ所のみです。韓国・台湾・中国も最新自動化設備や情報システムを殆ど導入しています。労働組合が強い米国でも港湾自動化や広域シームレス化が進み，日本はますます遅れ，大改革が必要です。

①　ロッテルダム港の Portbase 管理：貨物位置管理

ロッテルダム港ではオンラインの港湾情報システムにより，港湾から顧客まで，製造業の SCM 管理と同様に位置情報管理を行います。釜山港はロッテルダム港を参考に導入しました。

②　ロッテルダム港の Inland Links：輸送オンライン予測システム

さらに，ロッテルダム港の Inland Links は入港前から顧客の最適オンライン輸送システム（有料）により輸送手段・経路・発着日時・CO_2負荷の 3 ルートを提示し，顧客が最適ルートを選択しトラッキングも行います（輸送費は非公開）。釜山港はこれに倣うがシステムを無料で行うサービスをしています。

（2）　EU 方式の情報システムによる一貫遠隔管理

欧州の B 日本自動車企業は多くの EU 方式[注3]から近距離 RFID と遠距離 LPWA（Sigfox（仏企業製））を併用したサプライヤー〜工場間に日本にはない遠近広域先進物流方式を開発した。日本ではまだ実現していない。

（3）　EU の共通運輸政策

EU での日本の B 自動車企業の事前パレット積みは日本の完全シームレスの A 自動車企業とうりふたつ，20種以上の EU 標準パレットがあり，自前のパレットは製作せず安価な標準品（金属製・木製・段ボール製等）を使っています。故にパレットは非常に安く合理的です。日本はほとんどの企業がパレットを自作しているため高価であります。

トレーラー，ソフト（カーテン）コンテナ，2 連車コンテナも用途に応じ，長さ・段数・連車等多くの種類があります[注4]。港湾では特別の荷役機械により RORO 船にのせる 2 段コンテナやメガコンテナもあり，ばら積み車も多く見られます。需要に応じた対応と機器を有し，シームレスにより貨物量が多いことが相互補完しています。

5　EU のスマート物流（完全シームレス物流）に学べ

　日本はシームレス物流やスマート物流において先進の欧州から国際国内ともに相当遅れており，**図表10- 5**のように国際国内物流・自動化・高齢化・生産性・手待ち時間増・多頻度・小口・小ロット等の多くの課題を有し，シームレス・スマート物流・ロボット（自動化・無人化・省力化）・IoT 化の強化が必須です。新技術の AI/IoT 化・シェアリング・ドローン等の技術開発・活用が待ったなしです。共通技術が多い対策の物流と情報技術・人材・環境等広範囲な 6 分野23項目の対応が必要です。

　製造・物流は GDP の30%（製造20% ＋物流関連10%）を占め，ドイツのロジスティクス4.0の経済成果額は合計200兆円/10年であり，その24%の48兆円が製造・物流の成果です。国際国内物流の技術対応（自動化・IoT・AI 化等）の，下記①輸送網の集約，②輸配送の共同化，③モーダルシフトの総合力を発揮することが産業・経済にとって非常に重要なことです。

①　輸送網の集約　➡個別輸送を高積載の一括納品：荷主共同・運送共同・共同システム

②　輸配送の共同化➡非効率輸送の効率化・集約された輸送網：予約システム・自動化/IoT/AI 活用

③　モーダルシフト➡最適輸送システム化：トラック等から船・鉄道最適利（モード変更等）　用

　製造・物流では顧客との SCM（供給）と DCM（需要）が重要であり，この品質が産業を支えます。

　これが完全シームレス SCM 物流になり，一貫総合物流がスマート物流になって初めて膨大な価値と世界的競争力を発揮できます。

図表10-5 シームレス物流・製造物流の課題と対応の概要（6分野・23項目）

課題	状況	共通技術が多い対策	対応分野まとめ
貨物量	国内貨物量は大幅減・国際は長期的増・積載効率10年で21%大幅減	日本では貨物量はそれほど増えていない細分化個数は非常に増えている	6分野・23項目：(1)①完全自動化・②ロボット化、(2)③IoT化・④EC対応・⑤トラック受付システム・⑥ミスレス導入、(3)⑦標準化・⑧集約・協働化・⑨モーダルシフト・⑩大型物流施設最適化・⑪輸送能力拡大・⑫集約への提携・⑬再編買収、(4)⑭物流共同シェアリング・⑮マルチユース化・⑯配送マッチング、(5)⑰ドローン等新技術、⑱環境・⑲省エネ・⑳人材対策、(6)㉑通関、㉒国際物流、㉓完全シームレス物流（スマート物流）
人手不足、生産性低下・物流教育	人手不足10年10%↑19年70%、高齢化（平均47.3歳：物流5歳増）、待ち大	自動化、IoT化/輸送集約・協働化、モーダルシフト、全自動・ロボット化、物流施設大型・最適化	
一運行手待ち時間増	待ち平均1時間45分	物流やトラック受付システム	
多品種・多頻度・小口・小ロット増・荷主ニーズ多彩	0.1トン以下79%（2015年）	標準化、自動化、システム導入、輸送能力拡大・提携・再編・買収	
EC（電子取引）拡大・ラストワンマイル	EC10年間で60億円↑160億円に増、小ロット化	EC対応・AI・IoT化	
高度な新技術・国際国内物流・通関・環境・情報のシームレス化必須	新技術・標準化・環境対策・省エネ化・人手対策・国際物流・通関：通関・自動化・情報化	AI・IoT化、標準化、自動化、物流シェアリング、ドローン、マルチユース化、配送マッチング	

6分野の①空間、②時間、③精度、④情報、⑤品質、⑥商流・金流の完全シームレス物流が求められる。

（注1）　スマート物流（内閣府）：第4次産業革命時代に入り，今後，製造・物流・販売等の事業者が連携し，個社・業界の垣根を越えて総合的にデータが利活用されることでさらなる相乗効果が発揮され，それにより国内外を含めたサプライチェーン全体の効率性・生産性の向上が期待されている。その達成のために，データを蓄積・解析・共有するための「物流・商流データプラットフォーム」（以下，PF）を世界に先駆けて構築するとともに，その有効性を実証し，社会実装に目処を付け構築する。また，PFにのせる「モノの動き（物流）」と「商品情報（商流）」を新技術（IoT，BD（ブルーレイディスク），AI等）の活用により，"見える化"を実現しさらなる効率化を図る。

（注2）　経済効果の出所はInternet of Things in Logistics 2015　DHL Trend Research & Cisco Consulting Services LOGI-BIZ 2015年7月号。

（注3）　LPWA（Low Power Wide Area（低コスト・遠距離），Rora（通信技術），Sigfox（仏製），NB-IoT，LTE-M），RFID（Radio Frequency Identifier：低コスト近距離），WI-FI（高コスト）等により，近距離通信RFIDと長距離通信を併用することで高度・低コスト・広域物流・品質を支える。

（注4）　一般コンテナ車はソフト（カーテン）コンテナ・連車トレーラー等，パレットも20種類以上の標準パレットがあり，基本は安価な標準を使います。日本への輸送等は廃棄パレットの活用，日本では各社が独自パレットを製作・購入しています。

〈参考文献〉

藤原利久・江本伸哉「2013」『シームレス物流が切り開く東アジア新時代～九州・山口の新成長戦略』西日本新聞社出版部

藤原利久「2015」『九州・山口のRORO船（高速船）によるシームレス物流の進展』（公財）アジア成長研究所：調査報告書14-08

藤原利久「2017」『EUの港湾・物流に学ぶ日本のものづくりと物流（Smart Logistics）』（公財）アジア成長研究所

物流を取り巻く現状について参考資料　国交省2017年2月。

トラック運送における生産性向上方策に関する手引き　国交省自動車局貨物課。

藤原利久「2017」『港湾における世界のスマート物流と北九州港への提言』（公財）アジア成長研究所

物流業界の動向「2018」『ドライバー不足・生産性向上・次世代物流施設』SMBC銀行調査課

日本ロジクティクス協会「2017」　物流コストの全産業割合。

総合物流施策「2017～2020」および有識者検討会資料　国交省。

特集港湾行政の主要施策（雑誌「港湾」「2019」）：H31予算ポイント・国際コンテナ戦略港湾政策・クルーズ500万人時代・港湾の電子化・洋上風力発電・国際バルク戦略・地域競争力/LNG・離島/港湾海外産業支援/防災減災/防災震災。

■ 練習問題

(1) 物流が経済や企業にどれだけ重要かを国際/国内・日中韓・世界で考えてみよう。

(2) 完全シームレス SCM 物流（スマート物流）が日本でまだ十分にできていないのはなぜか。

(3) EU はなぜ，世界で最も進んだシームレス物流ができたのか。

(4) 最新の製造・物流統合した開発・技術を調査し今後の物流への期待を膨らませよう。

第11章

物流産業の現状と
行政の取り組み

キーワード	貨物の小口化・多頻度化　　温室効果ガス排出量
	特定流通業務施設

●本章の学びの目的

　現在，BtoB や BtoC などの取引の中で，輸送・保管・荷役・包装・流通加工などのさまざまな物流機能が，その過程でそれぞれの役割を果たし，サプライチェーンとなって，日々，当たり前のように物資が届けられています。物流は，企業活動はもとより，私たちの社会活動や経済活動など，あらゆる分野において，なくてはならない重要かつ必要不可欠な産業と言えます。

　しかしながら，昨今，日本の物流サービスは，物流ニーズの変化や，少子高齢化による労働力不足，働き方改革による労働環境改善の必要性などを背景に，物流の効率化や生産性の向上が重要な課題となっており，現在の優れた物流網を将来にわたって維持し，新たなニーズに応えるべく発展させていくためには，関係者が連携し，さまざまな対策を行う必要が生じています。

　この章では，こうした国内の物流産業の現状と直面している課題，物流産業が抱えている課題に対応するための行政の取り組みを紹介します。

1　物流産業の現状

（1）　国内物流の変化

　日本国内の貨物輸送量は，2000年の63億トンに比べ，2016年は48億トンと約25％減少しており，長期的に減少傾向で推移しています。輸送モード別には，トラックが約92％，内航海運が約8％の輸送を担っています。

　一方，トンキロベースで国内貨物輸送量のシェアを見ると，トラックが約50％，内航海運が約40％，鉄道が約5％となり，トンベースのシェアと大きく異なります。これは，内航海運や鉄道による輸送は，トラックに比べて輸送距離が長いことが要因で，輸送モードごとの特徴が現れています。

　次に，貨物1件当たりの輸送量は，1990年の2.43トン/件から2010年の0.95トン/件まで減少傾向が続き，同年以降は1トンを割り込んでいます。また，1件当たりの貨物量が0.1トン未満の物流件数は，1995年の57.9％から2015年には79.2％まで増加しています。

　一方，営業用トラックの積載効率は年々減少しており，1988年度の57.9％に対し，2017年度には39.7％まで減少しています。こうした傾向は，貨物の小口化・多頻度化が進んでいることを現しています。

（2）　市場取引の変化と物流への影響

　国内貨物輸送量の減少や貨物の小口化・多頻度化が進んでいるのは，サプライチェーン全体における物流ニーズが変化しているためですが，大きな要因として，eコマース市場の成長が考えられます。eコマース市場の取引は，2010年は全体で約8兆円弱でしたが，2017年には物販系分野だけで8.6兆円，全体では16.5兆円規模まで成長しています。

　これに呼応するように，宅配便取扱実績も右肩上がりで増加を続け，2007年の32.3億個から2017年には42.5億個まで，わずか10年間で10.2億個，31.6％も増加しています。スマートフォンや電子決済の普及もあり，この傾向は今後も継続すると考えられます。

　宅配便の取扱実績が大きく増加する一方で，受取人不在による宅配便の再配達も全体の約15％発生しています。再配達には年間で約9万人，1.8億時間が費やされていると言われており，宅配に従事するドライバーの労働環境に影響を及ぼしています。

図表11-1　電子商取引（EC）市場規模の推移

（注）　分野別規模は2013年度分から調査開始。
（出所）　経済産業省「電子商取引実態調査」。

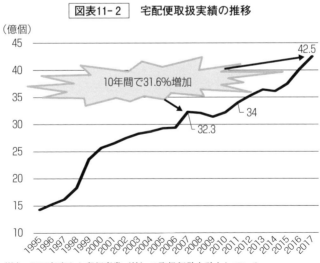

図表11-2　宅配便取扱実績の推移

（注）　2007年度から郵便事業（株）の取扱個数も計上している。
（出所）　国土交通省「平成29年度宅配便等取扱個数の調査」。

（3） 深刻化する少子高齢化と労働力不足

　日本の総人口は，2005年の１億2,728万人をピークに減少傾向に転じ，2050年には１億人を割り込む見通しになっています。また，同時に高齢化も進み，2050年には総人口の約40％以上が65歳以上になる見通しで，15歳から64歳の生産年齢人口も2014年の約7,800万人から2050年には約5,000万人まで減少する見通しになっており，日本の労働力不足は深刻化しています。

　こうした状況の中，物流業界の労働力に目を向けると，厚生労働省の「職業別一般職業紹介状況（平成30年度）」では，全職業の有効求人倍率1.50に対し，自動車運転の職業は3.10と突出していて，業界の労働力不足を裏付けています。公益社団法人全日本トラック協会がとりまとめた「トラック運送業界の景況感」でも，2017年以降，約70％の企業が人手不足と感じていて，深刻な人手不足の状況がうかがえます。

　労働力不足が進む中，トンキロベースで国内物流の50％を担うトラックのドライバー平均年齢は，全産業平均以上のペースで高齢化が進み，とくに大型トラックドライバーの場合，2018年全産業平均42.9歳に比べ，48.6歳と５歳以上高齢化しています。今後，高齢層の退職等を契機として労働力不足がさらに深刻化するおそれがあります。

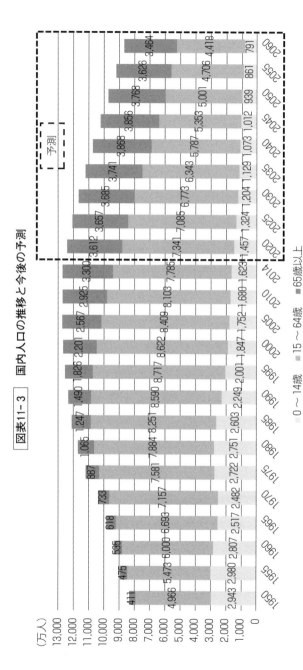

図表11-3　国内人口の推移と今後の予測

0～14歳　15～64歳　65歳以上

（出所）　国立社会保障・人口問題研究所『人口統計資料集2016年版』.『日本の将来推計人口（2012年1月推計）』より国土交通省作成。

2　物流産業と環境問題

（1）　地球環境問題

　今，地球は温暖化が進み，猛暑・豪雨・豪雪などの異常気象をはじめとしたさまざまな事象が私たちの生活に影響を及ぼし始めています。国連気候変動に関する政府間パネル（IPCC）がまとめた第5次計画報告書によると，21世紀末までの世界平均気温の変化は0.3〜4.8度の範囲に，海面水位の上昇は0.26〜0.82メートルの範囲に入る可能性が高いと指摘していて，このまま温暖化対策を十分に行わず，現在の経済活動を続けた場合，地球規模で深刻な被害が生じることが予想されます。その温暖化の要因として考えられるのが，人為起源のCO_2排出量の累積であり，気候変動を抑制するためには，温室効果ガス排出量の抜本的かつ持続的な削減が必要なのです。

（2）　物流分野のCO_2排出量

　環境省・国立環境研究所がまとめた「2017年度インベントリ」によると，日本のCO_2排出量は1,191百万トンで，そのうち産業部門が413百万トン，運輸部門が213百万トンを排出しています。さらに，そのうち，36.5%にあたる78百万トンを貨物自動車が排出しています。

　運輸部門のCO_2排出量は，2001年度の262百万トンをピークに，貨物自動車のCO_2排出量は，1996年の102百万トンをピークに年々減少していて，2017年度は運輸部門で213百万トン，貨物自動車で78百万トンまで減少しています。物流分野の低炭素化は，自家用トラックから営業用トラックへの転換や，環境対応車の開発・普及促進への取り組みの成果もあり，着実に進行していると考えられます。

　ただ，運輸部門や物流産業のCO_2排出量は年々減少していますが，2015年12月の気候変動枠組条約締約国会議，いわゆる，COP21で採択されたパリ協定などを踏まえ，日本政府が2016年5月に閣議決定した「地球温暖化対策計画」では，運輸部門のCO_2排出量を2013年度225百万トンから2030年度163百万トン

図表11-4　運輸部門における二酸化炭素排出量

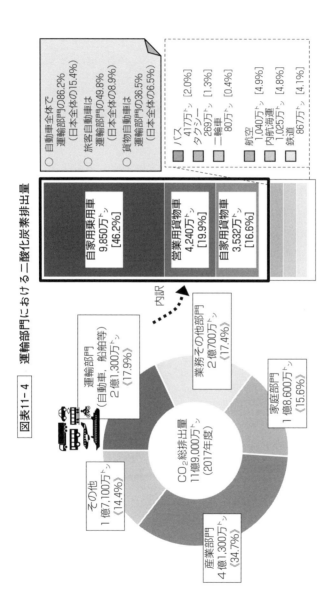

※端数処理の関係上、合計の数値が一致しない場合がある。
※電気事業者の発電に伴う排出量、熱供給事業者の熱発生に伴う排出量は、それぞれの消費量に応じて最終需要部門に配分。
※温室効果ガスインベントリオフィス「日本の温室効果ガス排出量データ」（1990～2017年度）確報値より国土交通省環境政策課作成。
※二輪車は2015年度確報値までは「業務その他部門」に含まれていたが、2016年度確報値から独立項目として運輸部門に算定。
（出所）国土交通省ホームページ「運輸部門における二酸化炭素排出量」：http://www.mlit.go.jp/sogoseisaku/environment/sos ei_environment_tk_000007.html（最終閲覧日：2019年7月31日）。

まで，約28％減少させる目標を立てています。

　この大きな目標の実現は容易なことではありませんが，官民の関係者が連携し，物流の効率化や省エネ機器の導入等により，さらなる省エネルギー化を促進することによって，少しでも目標値に近づけていく必要があります。

3　行政の取り組み

（1）　物流効率化に向けた対応策

　物流は，一般消費者からは見えにくい活動ですが，産業基幹物資から，機械製品，建設資材，衣類，医薬品，生鮮食料品，日用品，廃棄物などに至るまで，さまざまな物資が，道路，海上，航空，鉄道を通じ，また，各地の物流施設等での保管や流通加工のプロセスを経て，日々届けられています。こうしたことから，物流は日本の産業競争力の強化や，豊かな国民生活を実現し，地方創生を支える重要な社会インフラと言えますし，これを決して途切れさせることはできません。

　現在の物流網は，速達性・定時性・安全性等を含め，非常に優秀なサービスを提供していますが，こうしたサービスを今後も維持し，また，新たなニーズに対応できるよう，発展させていくためには，物流プロセスの効率化が重要なポイントになります。

（2）　物流効率化に向けた支援策

　一方，近年，物流を取り巻く状況は大きく変化しており，また，人材不足が深刻化していることなどは前述したとおりです。

　こうした状況を受け，日本政府における物流施策や物流行政の指針を示し，関係省庁の連携により施策の総合的・一体的な推進を図るものとして，1997年に5年計画として閣議決定されたのが「物流施策大綱」です。「物流施策大綱」は，さまざまな経済情勢の変化や課題等を踏まえ，5回にわたって策定された後，2017年7月，現在の大綱が閣議決定されました。この大綱では，社会状況の変化や課題に対応できる「強い物流」を構築するため，物流の生産性向上に

図表11-5　総合物流施策大綱（2017～2020年度）の概要

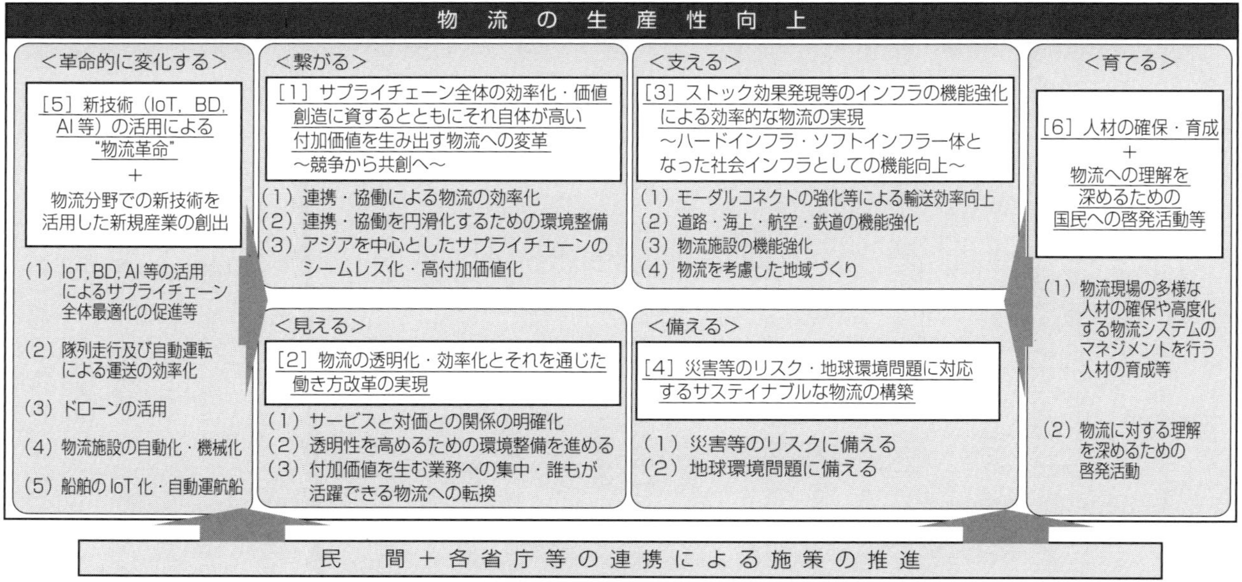

物　流　の　生　産　性　向　上

＜育てる＞

[6] 人材の確保・育成
＋
物流への理解を
深めるための
国民への啓発活動等

(1) 物流現場の多様な
人材の確保や高度化
する物流システムの
マネジメントを行う
人材の育成等

(2) 物流に対する理解
を深めるための
啓発活動

＜繋がる＞

[1] サプライチェーン全体の効率化・価値
創造に資するとともにそれ自体が高い
付加価値を生み出す物流への変革
～競争から共創へ～

(1) 連携・協働による物流の効率化
(2) 連携・協働を円滑化するための環境整備
(3) アジアを中心としたサプライチェーンの
シームレス化・高付加価値づくり

＜支える＞

[3] ストック効果発現等のインフラの機能強化
による効率的な物流の実現
～ハードインフラ・ソフトインフラ一体と
なった社会インフラとしての機能向上～

(1) モーダルコネクト等による輸送効率向上
(2) 道路・海上・航空・鉄道の機能強化
(3) 物流施設を考慮した地域づくり

＜見える＞

[2] 物流の透明化・効率化とそれを通じた
働き方改革の実現

(1) サービスと対価との関係の明確化
(2) 透明性を高めるための環境整備を進める
(3) 付加価値を生む業務への集中・誰もが
活躍できる物流への転換

＜備える＞

[4] 災害等のリスク・地球環境問題に対応
するサステイナブルな物流の構築

(1) 災害等のリスクに備える
(2) 地球環境問題に備える

＜革命的に変化する＞

[5] 新技術（IoT、BD、
AI等）の活用による
"物流革命"
＋
物流分野での新技術を
活用した新規産業の創出

(1) IoT、BD、AI等の活用
によるサプライチェーン
全体最適化の促進等
(2) 隊列走行及び自動運転
による運送の効率化
(3) ドローンの活用
(4) 物流施設の自動化・機械化
(5) 船舶のIoT化・自動運航船

民　間　＋　各　省　庁　等　の　連　携　に　よ　る　施　策　の　推　進

（出所）国土交通省ホームページ「総合物流施策大綱（2017年度～2020年度）概要」http://www.mlit.go.jp/common/001201971.pdf（最終閲覧日：
2019年7月22日）。

向けた6つの視点から取り組みを推進することとなっています。

　輸送の効率化に向けた支援策の1つとして，物流政策の基本法である「流通業務の総合化及び効率化の促進に関する法律」，いわゆる「物流総合効率化法」に基づく支援があります。この法律は，2005年に施行されましたが，物流事業者等による輸送の合理化や省力化による流通業務の効率化を支援するため，2016年10月，内容が大幅に改正され，物流の効率化を国が積極的にバックアップしていくための体制が作られました。

　物流の効率化を効果的に進めていくためには，個々の物流事業者ではなく，荷主を含めた関係者が連携して，輸送・保管・荷捌き・流通加工を一体的に行うことで，流通プロセスでのムダをなくす必要があり，そうした取り組みについて総合効率化計画として作成し，国の認定を受けることで，法人税・所得税・固定資産税などの軽減措置や運行経費などの補助金を受けられる仕組みになっています。

　支援対象となる事業は，主に3つの事例が挙げられます。1つ目は，保管・荷捌き・流通加工をばらばらに行っていた小さな物流拠点を，1つの大きな物流拠点に集約する「輸送網の集約」，2つ目は，各社がそれぞれのトラックで運んでいた荷物を1台のトラックに一緒に積み合わせて運送する「輸配送の共同化」，3つ目は，長距離でのトラック輸送の幹線部分を環境負荷の小さい鉄道輸送や船舶輸送に転換する「モーダルシフト」です。

　いずれの取り組みについても，その目標はトラックの走行量を削減させ，CO_2排出量を抑制させることにより，多様化する物流ニーズに対応しつつ，地球環境に優しい輸送を実現するものです。

（3）　物流の効率化・生産性向上の具体例

　ここでは，物流総合効率化法の総合効率化計画の認定を受けた事例を中心に物流効率化・生産性向上の具体的な取り組みを紹介します。

　まず，「輸送網の集約」，「輸配送の共同化」，「モーダルシフト」を一度に実現した事例です。自動車や産業車両・工作機械などの製造・販売を行っているA社が，九州内で販売する自動車部品の九州・兵庫間の輸送について，従来は全行程陸上輸送していたところ，大分港近隣に新たな物流施設を作り，そこ

に九州内各地からの貨物を集約（輸送網の集約），また，九州地区各仕入れ先から物流施設への輸送をミルクラン方式に変更（輸配送の共同化），さらに，大分・神戸間の輸送を海上輸送に転換（モーダルシフト）しました。

　この取り組みによって，トラックのCO_2排出量を65％削減，ドライバーの運転時間を83％削減する効果が期待されます。

　次に，「特定流通業務施設の整備」に伴い輸送網を集約した事例です。特定流通業務施設とは，立地要件，規模要件，構造要件，設備要件等の一定の基準を満たした物流施設のことで，国の認定を受けることによって，法人税，固定資産税，都市計画税の減免など，さまざまな特例措置を受けることができます。

　水産加工品等の保管を行っているＢ社は，倉庫業法に基づく営業倉庫を運営する事業者ですが，保管する物資の取扱量が拡大したことに伴い自社の営業倉庫だけで賄えなくなったため，複数の他社倉庫に分散することによって対応し，非効率な物流体制になっていました。そこで，九州自動車道福岡ＩＣの近隣に新たな物流施設を新設し，保管拠点や輸送網を集約する効率化を計画しました。

　この取り組みによって，トラックのCO_2排出量を８％削減するとともに，平均２時間と言われる物流施設でのドライバーの手待ち時間を75％削減する効果が期待されます。

　また，新しい物流システムとして，旅客鉄道や路線バスを活用した貨客混載の取り組みも進んでいます。貨客混載とは，通常は旅客を乗せて運行している旅客鉄道や路線バスの余剰スペースを利用して貨物を運ぶ取り組みです。過疎地域の路線バスは，人口減少に伴う輸送需要の減少や運転手不足などで路線の維持や事業継続が困難な状況になっています。また，宅配便などの貨物事業も人手不足で，とくに過疎地における輸送サービスの維持が困難な状況です。そこで，バスや鉄道の余剰輸送力を利用して貨物を運び，両者の悩みを一度に解決しようとする取り組みが貨客混載です。

　2015年10月，宮崎県内で路線バスを運行するＣ社と，同地域で宅配業務を行うＤ社が連携し，バス車両の座席の一部を荷台スペースに改造してＤ社の宅配便を輸送しています。この取り組みは，当時西日本で初めて，全国でも２例目の先進的な取り組みで，現在では３路線に拡大しています。

178

図表11-6 物流効率化の事例
九州～関西間の自動車部品輸送の効率化ならびに船舶（フェリー）輸送への転換

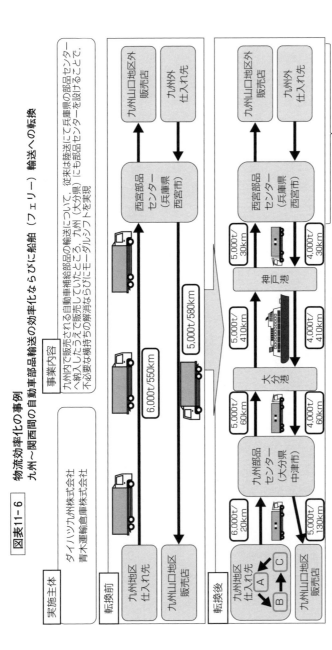

（出所）国土交通省ホームページ「物流総合効率化法の認定状況（令和元年度/平成31年度）」http://www.mlit.go.jp/common/001292455.pdf（最終閲覧日：2019年7月22日）。

　また，旅客鉄道を利用した貨客混載の取り組みも順次始まっていて，2019年11月から九州初となる取り組みが長崎県で開始されました。

（4）　物流分野における環境政策

　地球環境問題に対応するため，物流分野でも大幅な CO_2 削減を進める取り組みが必要であることは前述したとおりです。ここでは，そうした取り組みを進めるための政府の施策を紹介します。

　トラック運送事業などの運輸関係事業者は，営利性の追求とともに，環境問題への取り組みが求められています。そこで，国土交通省と財団法人交通エコロジー・モビリティ財団は，中小規模の事業者でも容易に，かつ継続的に環境保全のための取り組みが推進できるよう，自己評価のためのチェックリスト等で構成する「グリーン経営推進マニュアル」を作成し，グリーン経営の推進に取り組んでいます。

　グリーン経営推進マニュアルは，ISO14031（環境パフォーマンス評価に関する国際規格）の考え方に基づき，取り組むべき環境保全項目をチェック項目として，その具体的取組内容を明らかにし，事業者自ら目標の設定と評価が容易にできるよう工夫されています。また，グリーン経営推進マニュアルに基づいて一定レベル以上の取り組みを行っている事業者に対し，認証・登録する「グリーン経営認証・登録制度」も運用されていて，2019年7月19日現在，全国で6,789の事業所が登録を受け，グリーン経営に取り組んでいます。

　その他にも，短時間での豪雨や大雨の発生頻度の増加，海面水位の上昇，台風の激化など，CO_2 等の温室効果ガス排出が要因と考えられる影響に備えるための適応策を推進する必要性から，2015年，日本政府としての適応計画を策定することとし，「気候変動の影響への適応計画」が閣議決定されました。

　これを踏まえて，国土交通省が推進すべき適応策として「国土交通省気候変動適応計画」が策定され，自然災害分野，水資源・水環境分野，国民生活・都市生活分野，産業・経済活動分野等における適応策の指針として役割を果たしています。

　また，2018年6月に公布された「気候変動適応法」に基づいて，新たに「気候変動適応計画」が法定計画として閣議決定されたことから，2018年11月，国

180

土交通省気候変動適応計画も最新の施策等を反映する改正を行い，適応策の展開に取り組んでいます。

国土交通省『自動車輸送統計年報』『鉄道輸送統計年報』『内航船舶輸送統計年報』『航空輸送統計年報』「全国貨物純流動調査（物流センサス）」「平成29年度宅配便等取扱個数の調査」「宅配便再配達実態調査（2018年10月期）」。
経済産業省「電子商取引実態調査」。
国立社会保障・人口問題研究所『人口統計資料集2016』「日本の将来推計人口（2012年1月推計）」。
（公社）全日本トラック協会『トラック運送業界の景況感』。
厚生労働省「賃金構造基本統計調査」。
国連気候変動に関する政府間パネル（IPCC）「第五次計画報告書」。
温室効果ガスインベントリオフィス「日本国温室効果ガスインベントリ報告書」。
環境省国立環境研究所「2017年度インベントリ」。
日本政府「地球温暖化対策計画（平成28年5月閣議決定）」「物流施策大綱（2017年度～2020年度）」。

練習問題

(1) 国内貨物輸送の小口化・多頻度化の傾向とその要因について説明してください。

(2) 総合物流施策大綱が閣議決定された背景と，物流総合効率化法の総合効率化計画認定を受けた場合のメリットや効果について説明してください。

(3) グリーン経営推進マニュアルの特徴と，運輸関係事業者が同マニュアルを導入する意義を説明してください。

第12章

戦後のわが国物流の総括とこれからの物流

| キーワード | 大量生産・大量消費　多品種少量生産　ロジスティクス4.0　ドライバー不足　AI

●本章の学びの目的

　これまで物流についてさまざまな視点から学んできましたが，ここではまず戦後のわが国の物流について6つの段階に分けて整理してみます。

　また，これからの物流について，「ロジスティクス4.0」や「日本ロジスティクスシステム協会の提言」から見ていきます。さらに，最近の新しい物流の動きについて，「自動運転」，「先端技術の導入」について紹介します。

1　戦後のわが国の物流

　最初にわが国における物流の発展とその特徴について見てみよう。戦後の高度経済成長期には大量生産・大量消費を支える物流が求められましたが，低成長期，バブル景気の崩壊による失われた10年間の中でロジスティクス（logistics），サプライチェーン・マネジメント（SCM）などが指向されてきました。現在は，モノがあふれ売れない時代になり，必要とするモノを必要とする量だけ，必要とする時間に届けるといった高度な物流システムが求められる時代となっています。

（1）　高度経済成長と物流：戦後～1960年代

　わが国において物流という統合的な概念は米国からもたらされました。具体的には，1956年10月に日本生産性本部が「流通技術専門視察団」を米国に派遣した際にもち帰ったphysical distribution（1958年の報告書に記載）であります。

その時は，「流通技術」と翻訳されましたが，のちに平原直氏（日本通運から荷役研究所会長）が1964年に「物的流通」と訳したのが物流の始まりとされています。

　戦後，わが国経済は，物資不足を補うために画一的な大量生産を行い，生産されたモノは消費されるといった大量生産・大量消費の時代が続きました。1957年度から第1次石油危機の起こった1973年度までは，鉄鋼や重化学工業などを中心とした基礎素材型産業の発展により，GDP（名目）は対前年比で常に10％を超えていました。この間に神武景気（1954〜1957年），岩戸景気（1958〜1961年），オリンピック景気（1962〜1964年），いざなぎ景気（1965〜1970年）などとよばれる好景気が続き，物流量も増加しました。

　そこで，この時代における国内貨物輸送量と輸送機関の分担率を見ることにします。

　高度経済成長期の始まりである1955年度の貨物輸送量は，トンキロベースで約812億トンキロでした。第1次石油危機の起こった1973年度には4,071億トンキロまで膨らみ18年間で約5倍も伸びたことになります。

　また，この当時における輸送機関の分担率の変化を見ると，1950年度には自動車トンベースで63.1％のシェアを占めていましたが，トンキロベースではわずか8.7％でした。一方，鉄道はトンベースで26.9％でしたが，トンキロベースでは50.3％と大きなシェアを占めており，この当時の中・長距離輸送では鉄道が主要な輸送機関であったことがわかります。

　しかし，わが国では1960年代に入ると道路整備が進み，急激なモータリゼーションが起こりました。このような変化をトンキロベースで見ると，1955年度までは鉄道輸送が50％を超えていましたが，その後，徐々に自動車にシェアを奪われ，1965年度には鉄道が30.5％，トラックが26.1％とその差はわずか4.4％まで縮まりました。さらに，1970年度には鉄道のシェアは18.0％まで減少し，自動車は38.8％と鉄道の2倍以上まで増加しています。

　以上のように，この当時は，大量生産・大量消費にいかに対応するかが求められた時代でした。その中で，メーカーはトラックの性能の向上や大型化を進めてきました。政府も大量輸送に応えるため，道路整備，港湾整備，空港整備五箇年計画の中でインフラ整備を行いました。2003年，社会資本整備重点計画

法に基づき，引き続き社会資本の整備が行われています。

（2）　石油危機と物流：1970年代

　1973年，79年の2回にわたる石油危機により，わが国経済は実質GDPが大きく落ち込み大きな転換を迫られ，高度成長期から低成長期へと移行しました。とくに1978年度以降のGDPの対前年比は名目，実質とも1桁に落ち込みました。

　1962年，アメリカの経済・経営学者であるP.F.ドラッカーは，「フォーチュン」誌に論文を書き，「生産と市場をつなぐ流通の部分でも，特に物的側面，すなわち物流には，まだまだ科学的に解明されていない部分が多い。企業経営者にはこの大事な，しかも広大な分野が見えていない。すなわち，『暗黒の大陸』になっている。しかも，この分野にこそ次の大きな利潤を生む鍵が隠されているのだ」と言っています。

　そして，この利潤源を称して，生産の効率化と市場の開発に次ぐ「第三の利潤源」とよびました。この時期，企業のトップ・マネジメント間に物流機能についての認識が一層高まってきたのも事実です。

（3）　低成長時代の物流：1970～80年代

　図表12-1は，1955年度から1995年度に至る，わが国の実質GDP（1990年価格）と，国内貨物輸送量（トン数，トンキロ）の推移を見たものです。

　図表12-1を見ると1960年度以降1970年度に至るまでは，国内貨物輸送量は順調に伸びています。しかし，1971年度以降1973年度に至る3年間は輸送トン数の伸び率はそれまでと比較してゆるやかなものとなっています。

　1974年度は実質GDPもゼロ成長でしたが，国内貨物輸送量も前年に比較して，トン数で11.1％，トンキロで7.5％減少しています。

　さらに1975年度は，実質GDPが3.1％成長したにもかかわらず，国内貨物輸送量はトン数で1.1％，トンキロで4.2％減少しました。

　阿保（2000）はこの期間を1946年～1959年度，1959年～1973年度，1973年～1987年度の3期に分けて見ています。第1期を戦後復興期，第2期を高度経済成長期，第3期を安定成長期とよんでいます。第3期は物流需要が伸びない，

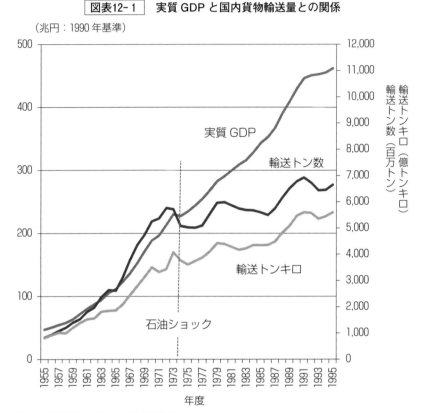

図表12-1　実質 GDP と国内貨物輸送量との関係

（注）　実質 GDP のデータは暦年である。

（出所）　国土交通省編『陸運統計要覧　平成17年版』，運輸省『陸運統計年報』各年版，『昭和39年度　運輸白書』，総務省統計局ホームページ：https://www.stat.go.jp/data/chouki/03.html（最終閲覧日：2018年12月13日）をもとに筆者作成。

全く停滞した時期でした。そこで，従来の需要追随型から需要開発型の物流への脱皮が叫ばれるようになりました。

　この第1次石油危機を契機とする変化は，わが国経済構造に大きな変化が起きたからだと言われています。いわゆる重厚長大，多資源エネルギー消費型の産業構造から，軽薄短小，資源・エネルギー節約型の産業構造に転換したのです。それに伴い，輸送もまた長距離－数量重視型輸送から顧客のニーズに適合したサービス重視型輸送へと転換しなければならなくなりました。

　一方，経済が成長するにつれて，消費者はモノが充足され消費の個性化が進んできました。消費者が望むものは多品種少量生産となり，この頃から多頻度小口発注，そしてリードタイムが短い，定期納入という高水準の顧客サービスを要求するロジスティクスへと発展していきました。

　また，消費者物流の担い手として，ヤマト運輸㈱が1976年に現在の宅急便を始めた時期でもあります。

（4）　物流の国際化と円高への対応：1985年〜

　1985年9月22日，ニューヨークのプラザホテルで有名なプラザ合意がなされました。背景にあったのは，米国における国際収支の大幅な赤字であり，これを解消するために円高ドル安に誘導することが必要でした。発表翌日の9月23日の1日24時間だけで，ドル円レートは1ドル235円から約20円下落しています。1年後にはドルの価値はほぼ半減し，150円台で取引されるようになりました。2019年12月19日では，1ドル110円で取引されています。

　このプラザ合意で，わが国の輸出産業にとって厳しい環境となりました。そのため，わが国の製造業は生産コストの安い東南アジアへとその生産拠点を移転する時代となりました。中でも1979年から改革開放政策をはじめた中国沿海部（上海など）への立地が目立つようになりました。

　このように1985年以降わが国では部品や製品のやりとりを行う「グローバルな物流」の構築・提供が求められる時代となりました。この時期，わが国物流企業も海外進出が本格化し，グローバルネットワークの構築を要求されるようになりました。

（5）　物流の高度化の進展：1990年代〜

　さらに，わが国経済では1980年代後半から消費者の個性化・多様化が進んでいます。小売業もそれに応えるかのようにさまざまな小売業態を作ってきました。その代表がコンビニエンスストアと言えるでしょう。コンビニエンスストアは，小規模な店舗面積に多数の商品アイテムを揃え，若者を中心としたニーズに応えています（最近ではシニア層も対象）。この物流特徴は在庫数が極めて少なく，1日6〜7回配送をしています。生産では多品種少量生産が要求され，

企業はPOS（販売時点管理：Point Of Sales）システムなどから得られる情報を利用して個品管理を徹底し，必要な商品のみを仕入れる体制を整えています。

　一方，物流には多品種少量，多頻度小口物流が要求され，さらに決まった時間ちょうどに配送しなければならないというジャストインタイム（Just In Time：JIT）物流が要求されました。このような物流への要求に応える輸送機関としてはトラックしかなく，わが国におけるトラックへの依存は高まっています。しかし，トラック輸送の拡大によって，都市部における交通渋滞や大気汚染といった外部不経済が発生しています。とくに，運輸部門の地球温暖化への寄与度は1990年度に全産業の17.8％を占め，2001年度には21.0％と20％を超えるまでになりました。

　このような環境問題やドライバー不足を緩和するため，政府がトラック輸送を他の輸送機関にシフトするという「モーダルシフト」の推進を行った時期でもあります。

（6）　近年の物流動向：2000年〜現在

　図表12- 2は，2000年度から2015年度に至る，わが国の実質GDPと，国内貨物輸送量（トン数，トンキロ）の推移を見たものです。**図表12- 1**とは対照的であり，この間の実質GDPは1.12倍で，年平均増加率１％にも達していません。

　さらに，この時期から公共事業の削減，少子高齢化が進展し貨物輸送量にも陰りを見せています。戦後わが国の貨物輸送量が最も多かったのは，1991年度の6,919百万トン（『陸運統計要覧』平成17年版）でした。2000年度以降は若干の増減はあるものの，減少傾向です。日通総合研究所が2019年９月に発表した「2019年度の経済と貨物輸送の見通し（改訂）」によれば，2019年度の貨物輸送量はトン数で約4,678百万トンと予想されており，ピークの1991年度と較べて約30％も減っています。

　このような中で，企業は勝手にモノを作れば売れる時代は終わり，市場での販売動向を把握しそれを生産に結び付けようとしています。すなわち，1990年代に米国からわが国に紹介されたロジスティクスの概念が重要です。谷本（2000）は「物流が開発から調達，生産，販売，消費，廃棄，リサイクルに至る各過程における物の流れという経済活動であるのに対して，ロジスティクス

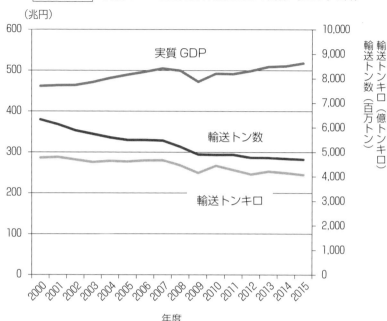

図表12-2　実質GDPと国内貨物輸送量との関係（2000年以降）

（注）　実質GDPのデータは暦年である。
（出所）　日本物流団体連合会『数字でみる物流2017年度版』および世界経済のネタ帳：
　　　　　http://ecodb.net/country/JP/imf_gdp.html（最終閲覧日：2018年12月13日）をもとに
　　　　　筆者作成。

はその全過程における物流をトータルでとらえ，企業経営をベースとした戦略の理論なのである」として区別しています。

　また，近年の企業経営においては，企業の経営資源を集中させるコア・コンピタンスが重要視され，物流はすべて外注するという経営も見られるようになりました。その受け皿として，サードパーティ・ロジスティクス（Third Party Logistics：3PL）が登場しました。物流需要が減少する中で，3PLは物流企業にとって新たなビジネスチャンスとなりました。

　さらに，ロジスティクスは個別企業の経営戦略でしたが，この企業の枠を超えて商品供給に関わる全企業が連携・連鎖し，物流をベースとした最適システムを構築するというサプライチェーン・ロジスティクス（Supply Chain Logistics：SCL）という概念も1990年代に導入され，浸透しています。

2　これからの物流

　これからのわが国の物流について,「ロジスティクス4.0」と「日本ロジスティクスシステム協会の提言」から見ることにします。

(1)　ロジスティクス4.0

　ロジスティクス4.0とは,これまで人が行ってきた作業を,AI (Artificial Intelligence:人工知能)・IoT (Internet of Things:物をインターネットにつなぎ,自動制御や遠隔操作ができるようにすること) などの最新テクノロジーを活用し,ロジスティクス業務の省人化・標準化を行うロジスティクス改革のコンセプトのことです。

　たとえば,輸配送の分野では,自動運転のトラックなどが物流拠点間の幹線輸送を担い,社会問題となっているドライバー不足を解消し,ドローンの活用などによりラストワンマイル配送 (宅配便等の最終的な端末配送) も無人化や省人化が可能になります。

　倉庫の分野では,一部の最先端倉庫では,すでにロボットが荷卸しを行い,搬送・ピッキング・梱包などの倉庫内における物流工程をすべて自動化することが実現されています。

　また,どうしても人的作業が必要な場合も,アシストスーツが筋肉の補助を行ってくれるため,体力や特殊なスキル,経験,専門知識などが不要となり,人に依存する部分が少なくなり,誰に任せても同等のパフォーマンスと品質で行うことが可能となる時代が到来しています。

　ロジスティクスの分野には,これまでに,3つの革新がありました。第1の革新は,「輸送の機械化」(19世紀後半から20世紀にかけて) であり,鉄道網の整備,トラックの実用化 (陸上輸送力の強化),汽船・機船が普及 (海上輸送力の強化) で,大量輸送時代の幕開けとなりました。第2の革新は,「荷役の自動化」(1960年代〜) であり,自動倉庫や自動仕分けといった機械化が進み,荷役 (貨物の上げ下ろし) 作業が一部機械化されました。第3の革新は,「物流管理のシステム化」(1980年代〜) であり,ITを活用した物流管理システムが広がり,在庫

や配車などの管理が自動化・効率化しました。その当時の物流課題を克服する形で革新が行われました。今回のロジスティクス4.0は人手不足，業務の属人化（ある特定の作業が特定の人にしかできない状態）の解消策としてAIやIoTを駆使した新革命ということです。

では，ロジスティクス4.0はどのような動きがあるのでしょうか。

たとえば，世界最大のトラックメーカーであるDaimlerは，自動運転トラックの開発に取り組み，2025年までの実用化を目指して，ドイツとアメリカの公道での試験走行を開始しています。また，Amazonは，注文した商品をドローンによって30分以内に届けるサービスを実用化するため，各国でテスト飛行を実施しています。

自動運転トラックやドローンの輸送に関しては，わが国でも期待が大きくなっています。わが国は，長距離輸送を担う大型トラックのドライバー不足，地方におけるドライバー不足が深刻になっています。2019年5月17日，自動運転の安全基準を定める改正道路運送車両法が成立し，自動運転の普及に向けた環境整備が整いつつあります。

また，2019年2月21日，楽天と京東集団（中国のECサイト）は，楽天がわが国で構築する無人配送ソリューションに，京東のドローンと地上配送ロボット（Unmanned Ground Vehicle，以下UGV）を導入することで合意しました。両社は，今回の合意に基づき，楽天がもつドローン配送の運用ノウハウおよび専用ショッピングアプリなどのITソリューションと，中国国内で多くの実績がある京東のドローンとUGVを組み合わせることで，使用用途や場面に応じた楽天の無人配送サービスを実現するとしています。

これらを受け，政府はAI人材を年間25万人育成する戦略案を公表していますが，中途採用市場では争奪戦が厳しくなっています。

（2）　日本ロジスティクスシステム協会の提言

また，今後の物流の方向性について，2013年，日本ロジスティクスシステム協会が提言しています。これからの物流のあるべき姿として，①ロジスティクスの統合管理へ，②企業や国家の壁を越える，③暮らしに安心と信頼を提供する，④環境を将来世代に引き継ぐ，⑤人材の価値を高める，の5点があげられ

ています。

　具体的には，物流もモノを運ぶばかりではなく，需要に応じて調達，生産，販売，物流や回収・廃棄等の活動を同期化させるロジスティクスを志向することが重要です。次世代はますますこの傾向が強くなると思われます。また，企業のサプライチェーンは国境を越えて広がっていることから，グローバルなシームレス化も必要です。

　わが国は国際的な企業活動を支援するため，自由貿易圏の形成を行っています。最近では，2018年12月30日，環太平洋連携協定（TPP）が発効され，国内総生産で世界の13％を占め人口5億人の自由貿易圏が誕生しました。また，日本と欧州連合（EU）の経済連携協定（EPA）が2019年2月1日に発効され，2017年の世界の国内総生産の27.8％，世界貿易の36.9％を占める貿易圏が誕生しています。

　物流面では，2018年7月，韓国のソウルで第7回日中韓物流大臣会合が開催され，「シャーシの相互通行の拡大に向けた取組」が取り上げられ，日韓と日中間でパイロット事業の拡大に向けて取り組むとしています。さらに，東日本大震災や熊本地震，西日本豪雨などを踏まえ，リスクマネジメントも重要となっています。

　企業においてはBCP（事業継続計画：Business Continuity Plan）の策定や被災地への食糧供給など消費者への対応が求められています。環境問題への対応も見逃せません。地球温暖化，大気汚染，廃棄物，騒音，振動等の環境負荷を軽減するとともに，エネルギーの有効活用など循環型社会を支えるロジスティクスシステムの構築も重要です。

　わが国は少子高齢化時代を迎え，生産年齢人口がますます減少する中で，物流の生産性向上とそれに対応できる人材育成が重要です。

3　新しい物流の動き

　前述したように，ロジスティクス4.0の革新の中でわが国でも具体的に動いている事例として，「自動運転」，「先端技術の導入」について紹介します。

（1）　自動運転

　政府は2017年5月31日未来投資会議において「未来投資戦略2017（素案）」を出しています。その中に、「高速道路でのトラック隊列走行を早ければ2022年に商業化することを目指し、2020年に高速道路（新東名）での後続無人での隊列走行を実現する……」としています。その自動運転システムには**図表12-3**に示した5つのレベルがあります。未来投資戦略の実行計画では、2020年代前半までに高速道路でのトラックの隊列走行（レベル2以上）、限定地域での無人自動運転・配送サービス（レベル4）、2025年には高速道路での完全自動運転（レベル4）を実現するとしています。

図表12-3　自動運転システムの定義等

概　　要	安全運転に係る監視，対応主体
レベル0：（運転自動化なし）運転者が全ての運転操作を実施	運転者
レベル1：（運転支援） システムが前後・左右のいずれかの車両制御に係る運転操作の一部を実施	運転者
レベル2：（部分運転自動化） システムが前後・左右の両方の車両制御に係る運転操作の一部を実施	運転者
レベル3：（条件付運転自動化）システムが全ての運転タスクを実施（限定条件下） システムからの要請に対する応答が必要	システム（システムからの運転要請後は運転者）
レベル4：（高度運転自動化）システムが全ての運転タスクを実施（限定条件下） システムからの要請等に対する応答が不要	システム
レベル5：（完全運転自動化）システムが全ての運転タスクを実施（限定条件なし） システムからの要請等に対する応答が不要	システム

（出所）　国土交通省「自動運転に関する主な政府方針等」6頁。 http://www.mlit.go.jp/common/001188202.pdf（最終閲覧日：2019年2月2日）。

　2018年1月には，トラックの後続有人隊列走行の公道実証実験が新東名高速道路の遠州森町PA〜浜松SA（約15キロメートル）間で行われました。先頭は有人車で後続車は車間距離を35メートルずつあけて通信で先行車の車両制御情報を受信し，加減速を自動で行うものです。

　続いて，国土交通省と経済産業省は2019年1月22日〜2月28日に，新東名高速道路の同区間で「後続車無人システム」を取り入れたトラックの隊列走行の実証実験を行いました。積載量25トン級の大型トラック2〜3台が，約10メートルの車間距離を保ったまま隊列を組み，時速70キロで走行，先頭車両のみドライバーが操縦しますが，後続1〜2台は先頭車両と通信し，自動で追従する仕組みで，車線変更なども行いました。先頭車両に追従して自動で車線変更するトラックを使った実験は国内初です。

（2）　先端技術の導入

　インターネット通販の普及による物流量の増加や，ドライバー不足の深刻化を受け，大手企業は生産性の向上につなげるための先端技術導入を行っています。主な事例は**図表12-4**に示しています。小型無人機ドローンについては，人が少ない離島や山間部について，2018年8月から解禁されています。また，政府は自動宅配ロボットの屋外公道での実証実験を2019年度から解禁しています。

　Amazon Roboticsは，「可動式の商品棚」と，その商品棚を動かすロボット「ドライブ」で構成されます。入荷商品の棚入れをしたり，注文商品の棚出しをしたりする工程を自動化する仕組みです。FC内を移動するドライブが商品棚をもち上げ，作業員の前まで運んでくれるため，作業員が歩く必要がありません。これにより，入荷した商品の棚入れと，注文商品の棚出しにかかる時間を削減できます。最大積載重量は340キロ，移動速度は秒速1.7メートル。ドライブは，床に配置した二次元コードのようなマークを底面についたカメラで読み取り，位置を特定して所定の場所まで棚を運びます。

図表12-4　大手企業による先端技術導入事例

企業名	先端技術の内容
アマゾンジャパン	アマゾンは現在，国内に15カ所のフルフィルメントセンター（FC：配送センター）をもち，大阪府の茨木 FC は16カ所目の物流拠点である。2018年10月開業の茨木 FC には，日本国内で 2 拠点目となる Amazon Robotics（アマゾン・ロボティクス）が導入された（**図表12-5** 参照）。
日本郵便	2019年 1 月31日，ZMP と日本郵便は宅配ロボット（CarriRo Deli）を用いた無人配送の実験をふたば自動車学校（福島県双葉郡浪江町）で実施した。
日本通運	2017年 8 月24日，キヤノンマーケティングジャパン㈱，㈱プロドローンと共同で，倉庫内の在庫管理や物流施設警備へのドローンの活用に関する実験を行った。
日立物流	2016年 7 月，多摩Ⅲ期物流センター内に物流新技術の研究開発専用施設「R & D センタ」を開設。2019年には，自動倉庫を増築する富山Ⅳ期物流センターにおいて自動倉庫に加え，デパレタイザーや無人フォーク，オートラベラーを導入し，省人化ではなく無人化を目指す。
ヤマト運輸，ヤマト HD	ヤマト運輸とディー・エヌ・エーは，2018年 4 月24日に神奈川県藤沢市内で自動運転車による配送の実証実験を実施（ロボネコヤマト）。ヤマト HD は，2018年10月12日，無人輸送機を米ヘリコプター製造大手のベル・ヘリコプターと共同開発すると発表。

（出所）　https://boxil.jp/beyond/a4595/（最終閲覧日：2019年 2 月12日），
　　　　　https://response.jp/article/2019/01/28/318497.html（最終閲覧日：2019年 2 月21日），
　　　　　https://www.nittsu.co.jp/press/2017/20170907-1.html（最終閲覧日：2018年12月19日），
　　　　　http://cargo-news.co.jp/cargo-news-main/648（最終閲覧日：2018年12月19日），
　　　　　http://www.yamato-hd.co.jp/news/h30/h30_08_01news.html（最終閲覧日：2019年 2 月13日），
　　　　　日本経済新聞（2018年10月13日朝刊）。

図表12-5 「Amazon Robotics」の写真

（出所）　https://boxil.jp/beyond/a4595/（最終閲覧日：2019年2月12日）。

〈参考文献〉

阿保栄司（2000）『新版　物流の基礎』税務経理協会。

運輸省『陸運統計年報』各年版。

運輸省『昭和39年度運輸白書』。

小野塚征志（2019）『ロジスティクス4.0―物流の創造的革新』日本経済新聞出版社。

国土交通省編（2006）『陸運統計要覧（平成17年版）』。

國領英雄編著（2001）『現代物流概論』成山堂書店。

谷本谷一（2000）『物流・ロジスティクスの理論と実際』白桃書房。

日通総合研究所（2019）「2019年度の経済と貨物輸送の見通し（改訂）」2019年9月，9頁。

日本物流団体連合会（2017）『数字でみる物流（2017年版）』。

日本ロジスティクスシステム協会（2013）『これからのロジスティクス―2020年に向けた50
　　の指針』日本ロジスティクスシステム協会 JILS 総合研究所。

前田賢二監修・㈱クニエ　ロジスティクスグループ（2019）『日本型ロジスティクス4.0』日
　　刊工業新聞社。

輸送経済新聞社（2001）『LOGISTICS NOW　2001』。

朝日新聞（2018年8月12日朝刊）「ドローン配送　月内にも解禁」。

西日本新聞（2018年11月1日朝刊）「TPP　12月30日発効」。

日本経済新聞（2018年10月13日朝刊）「空の物流革命　先陣争い」。

日本経済新聞（2018年12月8日朝刊）「日欧EPA　2月にも発効」。

日本経済新聞（2019年3月31日朝刊）「AI人材需要　広がる裾野」。

日本経済新聞（2019年5月18日朝刊）「高速道自動運転　来年実現へ前進」。

練習問題

(1)　「ロジスティクス4.0」について，取り上げた2つの参考文献を読んで自分なり
　　にまとめてみよう。
(2)　国内輸送においてドライバー不足が大きな課題となっているが，これに対して，
　　国，業界団体や個別企業はどのように対応しているか整理してみよう。
(3)　新聞記事やインターネットを使って，IoTやAIを使った近年の物流企業事例
　　を収集し，これからの物流のあり方についてみんなで議論してみよう。

索　引

■執筆者紹介

山本　裕（やまもと　ゆたか）　担当：第1章，編集
　長崎県立大学経営学部　教授
　　1989年〜2011年　アメリカンプレジデントラインズ勤務
　　2010年　神戸大学大学院経済学研究科博士後期課程修了　博士（経済学）
　　2011年　長崎県立大学経済学部准教授を経て，
　　2015年　長崎県立大学経営学部教授
　　［主要業績］『国際海運と内外港湾の競争力』（長崎県立大学経済学部研究叢書17，2012年）

王　暁華（Xiaohua　Wang）　担当：第2章
　西南学院大学商学部　教授
　　2007年　名古屋大学大学院経済学研究科博士課程修了　博士（経済学）
　　2007年〜2008年　名古屋大学大学院経済学研究科特別研究員
　　2008年　西南学院大学専任講師，准教授を経て，
　　2017年　西南学院大学商学部教授
　　［主要業績］「早期納入を考慮した生産在庫システムに関する研究」『西南学院大学商学論集』第62巻第3・4合併号（2016年）

青木　道治（あおき　みちはる）　担当：第3章
　株式会社Opex（元　佐川グローバルロジスティクス株式会社）
　　1997年　天理大学人間学部卒業
　　2007年〜2017年　佐川グローバルロジスティクス株式会社
　　2018年　株式会社Opex

伊津野　範博（いずの　のりひろ）　担当：第4章
　熊本学園大学商学部　教授
　　2001年　神奈川大学大学院経済学研究科博士後期課程　単位取得満期退学
　　2001年〜2017年　株式会社日通総合研究所勤務
　　2017年　熊本学園大学商学部准教授
　　2019年　熊本学園大学商学部教授
　　［主要業績］『ASEANの流通と貿易－AEC発足後のGMS産業地図と企業戦略－』（共著，成山堂，2016年）

福田　晴仁（ふくだ　せいじ）　担当：第5章
　西南学院大学商学部　教授
　　1993年～1999年　柏原市役所勤務
　　2003年　関西大学大学院商学研究科商学専攻博士課程後期課程修了　博士（商学）
　　2008年　西南学院大学商学部准教授を経て，
　　2015年　西南学院大学商学部・大学院経営学研究科教授
　　［主要業績］『鉄道貨物輸送とモーダルシフト』（白桃書房，2019年）

森下　隆夫（もりした　たかお）　担当：第6章
　元山九株式会社

魏　鍾振（Jongjin Wi）　担当：第7章
　九州産業大学商学部　准教授
　　2011年　神奈川大学大学院経済学研究科博士後期課程単位取得退学　博士（経済学）
　　2011年～2016年　神奈川大学経済貿易研究所特別研究員
　　2016年　東亜大学人間科学部准教授
　　2019年　九州産業大学商学部准教授
　　［主要業績］『中小企業のマーケティング』（共著，五絃舎，2016年），「東アジアにおけ
　　　　　　　る国際高速船航路の成立条件に関する研究」（2016年度物流研究助成成果
　　　　　　　報告書，公益財団法人SBS鎌田財団，2019年）

吉田　了介（よしだ　りょうすけ）　担当：第8章
　元日本航空株式会社
　　1972年　明治大学商学部卒業
　　1972年～1994年　日本航空株式会社勤務
　　1991年～2006年　ユーフレイトジャパン株式会社代表取締役
　　2007年～2011年　株式会社日陸勤務
　　1988年以降，物流関係業界誌等寄稿，企業・団体等研修講師などを務める。
　　2006年から月刊誌『コンテナエージ』にて連載執筆中。

福山　秀夫（ふくやま　ひでお）　担当：第9章
　株式会社ジェネック
　　1980年　九州大学法学部卒業
　　1980年～1991年　山下新日本汽船株式会社
　　1991年～現在　日本郵船株式会社
　　2004年～2008年　北京首席駐在
　　2014年～現在　株式会社ジェネックへ出向
　　［主要業績］「中国鉄道コンテナ輸送の発展とユーラシア・ランドブリッジの新展開」
　　　　　　　『海事交通研究』（第63集，一般財団法人山縣記念財団，2014年）

藤原　利久（ふじわら　としひさ）　担当：第10章
　　前公益財団法人アジア成長研究所
　　　1967年　名古屋工業大学卒業
　　　1967年～1994年　住友金属工業株式会社（部長・関係会社社長）
　　　2009年　北九州市立大学より博士（学術）授与
　　　2009年～2018年　公益財団法人アジア成長研究所客員研究員
　　　元住友金属株式会社，NPO北九州テクノサポート副会長
　　［主要業績］『シームレス物流で切り開く東アジア新時代－九州・山口の成長戦略－』
　　　　　　　　（江本伸哉との共著，西日本新聞社出版部，2013年）。学会発表ほか論文・
　　　　　　　　共同科研・長崎県・日本港湾協会受託研究）

九州運輸局　担当：第11章
　　国土交通省の地方支分部局。「運輸と観光で九州の元気を創ります」がキャッチフレーズ。
　　刊行物として『九州運輸要覧』（2019年）ほか。

男澤　智治（おざわ　ともはる）　担当：第12章，編集
　　九州国際大学現代ビジネス学部 教授
　　　1987年～2000年　株式会社日通総合研究所勤務
　　　1987年　日本大学大学院理工学研究科博士前期課程修了
　　　2014年　日本大学より博士（学術）授与
　　　2000年　中村学園大学流通科学部専任講師を経て，
　　　2004年　九州国際大学国際商学部助教授
　　　2010年　同大学経済学部教授
　　　現　在　同大学現代ビジネス学部教授
　　［主要業績］『港湾ロジスティクス論』（晃洋書房，2017年）

物流を学ぶ——基礎から実務まで

2020年4月25日　第1版第1刷発行

編著者　山　本　　　裕
　　　　男　澤　智　治

発行者　山　本　　　継

発行所　㈱中　央　経　済　社

発売元　㈱中央経済グループ
　　　　パブリッシング

〒101-0051　東京都千代田区神田神保町1-31-2
　　　　電話　03 (3293) 3371 （編集代表）
　　　　　　　03 (3293) 3381 （営業代表）
　　　　http://www.chuokeizai.co.jp/
　　　　印刷／昭和情報プロセス㈱
　　　　製本／誠　製　本　㈱

©2020
Printed in Japan

一般社団法人　　　　　　特定非営利活動法人
日本経営協会［監修］　　経営能力開発センター［編］

経営学検定試験公式テキスト

経営学検定試験（呼称：マネジメント検定）とは，
経営に関する知識と能力を判定する唯一の全国レベルの検定試験です。

① 経営学の基本
　（初級受験用）

② マネジメント
　（中級受験用）

③ 人的資源管理/
　経営法務
　（中級受験用）

④ マーケティング/
　IT経営
　（中級受験用）

⑤ 経営財務
　（中級受験用）

中央経済社